Samuel Cameroun

Il y a une seule foi !

Samuel Cameroun

Il y a une seule foi !

Éditions Croix du Salut

Cover image: www.ingimage.com

Publisher:
Éditions Croix du Salut
is a trademark of
International Book Market Service Ltd., member of OmniScriptum Publishing Group
17 Meldrum Street, Beau Bassin 71504, Mauritius
Printed at: see last page
ISBN: 978-613-7-37205-0

Dix-Septième Etude Biblique / 27

IL YA UNE SEULE FOI !

Ephésiens 4 : 4 - 6

Pour VOUS !

Nous rappelons que la présente étude Biblique, ***" Il y a une seule Foi ! "*** *figure dans un sous ensemble d'une série de sept messages doctrinaux fondamentaux indissociables ; tiré d'Ephésiens 4 : 4–6. Car* Proverbes 9 : 1 *« La sagesse a bâti sa maison, Elle a taillé ses sept colonnes. »*

L'ensemble de la collection est intitulé **" Que Celui Qui Lit Fasse Attention ! Autre Bonne nouvelle ! "***. Elle se compose de* 20 autres études bibliques, *qui la complètent. Ces études bibliques ont toutes été conçues pour votre croissance et votre édification spirituelle* **!!!**

La Paix de Dieu au-dedans, La joie de Christ au dehors **...**

PROLOGUE SUR LA...

Collection de la série chrétienne : " QUE CELUI QUI LIT FASSE ATTENTION ! " (Mathieu 24 : 15)

Au cours de notre marche spirituelle, nous aborderons les fondamentaux de la saine doctrine chrétienne qui en est la colonne et l'appui de la vérité. D'après l'apôtre Paul encourageant son fidèle compagnon dans 1 Timothée 3 : 14 – 15 il lui écrit : « *Je t'écris ces choses, avec l'espérance d'aller bientôt vers toi, mais afin que tu saches, si je tarde, comment il faut se conduire dans la maison de Dieu, qui est l'Église du Dieu vivant, la colonne et l'appui de la vérité* ». A la suite de l'apôtre Paul, les études de cette série, coupleront tout au long, les thèmes de la doctrine biblique à ceux de la prophétie, car Jésus-Christ exhortant fraternellement l'Eglise qui en est " Membre de son Corps " est toujours présent aux côtés des siens. Pour cela, les enseignements de la présente collection s'appuieront essentiellement sur les livres conjoints de la *Révélation* (*Apocalypse*), juxtaposé à celui de *Daniel*, pour confirmer cette bonne nouvelle du message de l'évangile. Puisque, arrivés à la fin des siècles, la doctrine évangélique, les dix commandements de Moïse et la prophétie ont été recommandés précieusement aux chrétiens authentiques, pour leur servir de boussole dans l'obscurité des ténèbres du mal. Ceci en raison de l'esprit d'égarement qui a conduit à l'apostasie doctrinaire, désormais rendue très populaire, parmi toutes ces communautés de prétention chrétienne que la Bible nomme de « *Babylone La Grande La Mère des Impudiques* ! » *Apocalypse 17 : 5.*

Aussi, devons-nous chercher Dieu avec toutes nos forces, nous qui sommes la génération parvenue au terminal de l'histoire de ce monde destiné à sa ruine imminente et éternelle! C'est Jésus seul, qui en a déterminé les conditions de salut pour quiconque veut sincèrement échapper en sortant de ce monde d'impies. Car il le déclare solennellement : « *personne ne peut venir à lui si le Père ne l'attire...* » Cependant une fois venue au Seigneur, sachons également que Jésus ajoute : « *nul ne peut aller à Dieu sans passer par Lui (Jésus)* ». Finalement quel est le but de notre marche chrétienne ? Et qu'est-ce que l'Eglise du Christ ? Peut-elle être une organisation dénominationnelle ? – Les Assemblées chrétiennes doivent-elles dépendre d'une quelconque agence gouvernementale pour prouver qu'elles sont l'Eglise de Christ ?

Alors que les vrais chrétiens s'apprêtent à faire face à la pire persécution de l'histoire sainte, par le « *666* » qui conditionnera bientôt tout Homme, - Nos finances à l'exemple des dimes doivent-elles être engagées pour nous gagner le ciel ? - Le Christ est-il encore présent dans ces dénominations appelées Eglises ? - Qui devrait être à la tête de l'Eglise du Christ ? - Comment se construisent actuellement les communautés chrétiennes sous le seul Berger, Jésus-Christ ? – L'Eglise de Christ en a-t-elle de responsables visibles ? – Cette Eglise de Christ peut-elle entretenir la corruption ? Peut-elle tant soi peu compromettre notre salut par quelques doctrines non scripturaires ? Quelle Eglise en effet aujourd'hui, est parfaitement en conformité avec la sainte volonté de Christ révélée dans la Bible ?

Pour toutes ces interrogations et tant d'autres qu'on en oublie certainement, la collection *"Que celui qui lit, fasse attention"*, propose exclusivement des réponses bibliques simples et assez complètes suivant chaque thématique abordée. Les réponses à ces questions ci-dessus en énoncé disons-le, ne seront données qu'aux cœurs humbles, voilà pourquoi la présente série chrétiennes *"Que celui qui lise fasse attention "*, est une suite de messages vivants. Ils ont été conçus en tenant compte des besoins spirituels de notre génération, surtout des prophéties dont la Bible, par la révélation et l'enseignement doctrinaire de Christ, des apôtres et des prophètes d'autrefois, nous invite à scruter jour et nuit sans relâche dans une vie de prière, leur accomplissement, afin de nous donner la force de paraitre debout devant le Fils de Dieu, au dernier jour. Voici la promesse de Christ à son Eglise « *A celui qui vaincra, et qui gardera jusqu'à la fin mes œuvres, je donnerai autorité sur les nations.* » *Apocalypse 2 : 26*

NB: Sauf indication contraire, les références bibliques citées en études, sont tirées de la version des saintes écritures (Louis Second). Et pour chaque thème, vous pouvez consulter le sommaire en page **81** et **87**. Par l'indication ordinale (question-réponse), toute réaction particulière, pourrait susciter un accompagnement biblique personnalisé et/ou communautaire, tant soit peu, que vous vous manifestiez sur notre site internet, par appel téléphonique WhatsApp ou sur notre adresse électronique marquée au bas de chaque page.

L'Eglise vous présente ainsi une série de *« 27 études bibliques »*, complétant autant de messages vidéos, audio, en version électronique téléchargeable sur le site internet *wwwchrétiens-église.org*. Tout ceci pour un égal nombre de livrets, à offrir progressivement, selon que le Seigneur Yahwéh Dieu, y pourvoira avec miséricorde et grâce en Jésus-Christ !

L'ensemble de cette collection est gratuitement offert, afin de respecter l'esprit de Christ qui nous a recommandé d'en faire don, puisque nous l'avons reçu gratuitement :

ALORS IL N'APPARTIENT A PERSONNE DE VENDRE CETTE PAROLE DE DIEU !

Mais au préalable, nous vous invitons à recevoir la lettre de l'Auteur écrite pour vous les lecteurs. Cette lettre pourrait vous servir de feuille de route et de guide pédagogique. Cependant il n'est jamais chrétien de croire que notre Seigneur agira identiquement dans tous les cas, au cours de votre croissance spirituelle, ou du ministère pastoral d'évangélisation à travers vous. C'est pour cette raison qu'une fois de plus, nous vous invitons à demeurer attentif à sa voix spirituelle, au travers du canal infaillible que représente pour quiconque, la lecture assidue de sa parole, la Bible.

LETTRE D'ENCOURAGEMENT DE L'AUTEUR, POUR VOUS !

Frères et sœurs, que la paix de Dieu qui surpasse toute intelligence, garde vos pensées en Jésus-Christ ! ».

Soyez la bienvenue, en empruntant avec l'Eglise, la petite voie très resserrée qui mène dans l'éternité, et dont seul Le Fils de Dieu, en est Le Guide et Le Souverain Berger…

Avant toute chose, nous vous conseillerons durant votre étude biblique, d'être critiques du sens des doctrines que ces saintes lettres aborderont. En cela, vous serez entrain de suivre les recommandations des Apôtres selon Actes 17 : 11. « *Ces Juifs avaient des sentiments plus nobles que ceux de Thessalonique ; ils reçurent la parole avec beaucoup d'empressement, et ils examinaient chaque jour les Écritures, pour voir si ce qu'on leur disait était exact.* »

Durant votre croissance chrétienne, lisez régulièrement votre Bible. Ecoutez le Saint-Esprit. Partagez cette richesse avec d'autres. Soyez généreux, surtout envers votre entourage. Sachez encourager des initiatives d'étude communautaire. Eprouvez ceux qui par esprit de vaine critique, vous taxeront de sectaire. Luttez sans vous laissez distraire par les ennemis de vos âmes. Simplifiez-vous la vie chrétienne. Assistez les démunies de votre voisinage, à commencer par les membres de votre famille. Impliquez-vous dans des campagnes d'évangélisation publique. Exploitez tous les créneaux de communication, et rependez la bonne nouvelle comme des semeurs de Vie !

N'ignorez personne dans vos prières. Appelez la faveur de Yahwéh Dieu sur ceux qui vous écoutent, mais également sur ceux qui vous résisteront. « N'ayez aucun ennemi..., vivez en paix avec tous..., et soyez en parfait harmonie... », Avec l'ensemble de l'Eglise locale de Christ dans le pays, la ville ou le quartier de vote résidence.

Frères et sœurs, « fuyez le péché » et « soyez saint » car « notre Dieu est Saint. » Et par reconnaissance à Dieu de vous avoir sauvé et envoyé, « chantez-Lui sans cesse des cantiques spirituels sous l'inspiration de son Esprit. »

Comme vous avez « reçu gratuitement », veuillez à ne pas briser cette chaine de solidarité ! Avec de nouveaux disciples, commencez par présentez l'évangile, puis abordez des thèmes doctrinaux en fonction de votre auditoire et de leurs besoins spirituels. Vous pourrez choisir les thèmes qui vous conviennent à vous, en obéissant à la voix du Saint-Esprit. Et comme « l'eunuque Ethiopien » sachez que Christ les rejoindra sur la route quand vous vous mettrez en peine de le leur enseigner, surtout à la jeunesse. Donnez-vous à vos Frères chrétiens « comme une offrande à Dieu », car « la moisson est abondante mais les ouvriers sont peu nombreux. » Aussi, rappelez-vous de la promesse de Christ dans la parabole des « ouvriers de la dernière heure »

Ainsi « notre joie sera parfaite » de vous savoir en route pour la céleste patrie, étant enfants de Dieu et serviteurs du Christ, si vous avez appris qu'il n'y a « pas de plus grand amour, que de donner sa vie pour ceux qu'on aime ». De même « qu'il y a plus de joie à donner qu'à recevoir »

Enfin, soyez heureux, en attendant notre Sauveur Jésus, qui « n'oubliera pas votre participation à la propagation de l'évangile et du message de la vérité ». N'ayez de crainte, que de Dieu Lui Seul. Et puis, très vite faite nous part de votre témoignage : des dons que le Saint-Esprit vous aura gratifié, en vue de parfaire le corps du Christ. « Soyez bénie en tout point de vue ! »

*Alors, « **BIEN AIMES** », recevez ces études bibliques comme un présent du Seigneur Jésus, transmis par le ministère d'évangélisation depuis son Eglise du Cameroun, par votre dévoué serviteur et modeste frère d'Afrique, qui tient à vous rappeler que Yahwéh Dieu, par son Fils Jésus-Christ, vous aime d'un Amour Eternel. Croyez de même à notre dévouée affection fraternelle, par les arrhes du Saint Esprit. Amen !*

NB: *En fin d'étude biblique, à la (**Page 90 et 91**) de ce titre, vous trouverez les différents thèmes proposés dans la collection d'étude Biblique " Que celui qui lit fasse attention". Nous rappelons aux lecteurs que cette série d'étude biblique chrétienne est disponible gratuitement pour votre édification au site www.chrétiens-église.org*

SAMUEL CAMEROUN, Apôtre du SEIGNEUR JESUS-CHRIST.

camerounsamuel@gmail.com Tel + 237 690600469 ou + 237 679647767

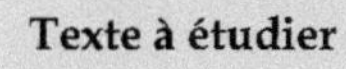

Matthieu 8 : 6 – 13

LE CENTURION ROMAIN

Comme Jésus entrait dans Capernaüm, un centenier l'aborda, le priant et disant : Seigneur, mon serviteur est couché à la maison, atteint de paralysie et souffrant beaucoup. Jésus lui dit : J'irai, et je le guérirai. Le centenier répondit : Seigneur, je ne suis pas digne que tu entres sous mon toit ; mais dis seulement un mot, et mon serviteur sera guéri. Car, moi qui suis soumis à des supérieurs, j'ai des soldats sous mes ordres ; et je dis à l'un : Va ! Et il va ; à l'autre : Viens ! Et il vient ; et à mon serviteur : Fais cela ! Et il le fait. Après l'avoir entendu, Jésus fut dans l'étonnement, et il dit à ceux qui le suivaient : Je vous le dis en vérité, même en Israël je n'ai pas trouvé une aussi grande foi. Or, je vous déclare que plusieurs viendront de l'orient et de l'occident, et seront à table avec Abraham, Isaac et Jacob, dans le

royaume des cieux. Mais les fils du royaume seront jetés dans les ténèbres du dehors, où il y aura des pleurs et des grincements de dents. Puis Jésus dit au centenier : Va, qu'il te soit fait selon ta foi. Et à l'heure même le serviteur fut guéri. »

INTRODUCTION

La foi étant considérée comme un processus mobile de la croissance spirituelle, **comment fut-t-elle transmise aux premiers croyants de la chrétienté ?**

Suivons le cas de Jésus-Christ Lui-même avec ses disciples, en nous inspirant de ce qu'en dit l'Apôtre Jacques sur ce processus évolutif de la connaissance de Dieu. « *Tu crois qu'il y a un seul Dieu, tu fais bien ; les démons le croient aussi, et ils tremblent.* » *Jacques 2 :19*

Notre modèle : Jésus-Christ, Le Consommateur De La Foi Chrétienne

Puisque la connaissance de Dieu est indispensable à la croissance spirituelle, comment débute-t-elle déjà pour ce qui en est de la connaissance du Fils de Dieu ? Jésus étant désigné comme le Consommateur de la Foi, étant aussi le Chemin menant au Père pour aboutir à la conclusion de toute connaissance indispensable à la foi, puisque « *La vie éternelle consiste à te connaitre Toi le Seul Vrai Dieu, et Celui que Tu as envoyé Jésus-Christ !* »

1. Quelle question Jésus introduit-il auprès de ses disciples pour le cheminement de la foi ? Luc 9 :18 - 22

« *Un jour que Jésus priait à l'écart, ayant avec lui ses disciples, il leur posa cette question : (...)*

2. Qui dit-on que je suis ? *Luc 9 :18 - 22*

« *Ils répondirent : Jean Baptiste ; les autres, Élie ; les autres, qu'un des anciens prophètes est ressuscité. Et vous, leur demanda-t-il, qui dites-vous que je suis ? Pierre répondit : Le Christ de Dieu. Jésus leur recommanda sévèrement de ne le dire à personne. Il ajouta qu'il fallait que le Fils de l'homme souffrît beaucoup, qu'il fût rejeté par les anciens, par les principaux sacrificateurs et par les scribes, qu'il fût mis à mort, et qu'il ressuscitât le troisième jour.* »

REPENTANCE, JUSTICE, MISERICORDE, FOI et CONNAISSANCE EXACTE DE JESUS-CHRIST et de DIEU : QUELQUES CLEFS DE LA NOUVELLE NAISSANCE.

3. Et Dieu ne fera-t-il pas justice à ses élus, qui crient à lui jour et nuit, et tardera-t-il à leur égard ? Luc 18 : 1-8

« *Jésus leur adressa une parabole, pour montrer qu'il faut toujours prier, et ne point se relâcher. Il dit : Il y avait dans une ville un juge qui ne craignait point Dieu et qui n'avait d'égard pour personne. Il y avait aussi dans cette ville une veuve qui venait lui dire : Fais-moi justice de ma partie adverse. Pendant longtemps il refusa. Mais ensuite il dit en lui-même : Quoique je ne craigne point Dieu et que je n'aie d'égard pour personne, néanmoins, parce que cette veuve m'importune, je lui ferai justice, afin qu'elle ne vienne pas sans cesse me rompre la tête. Le Seigneur ajouta : Entendez ce que dit le juge inique. Et Dieu ne fera-t-il pas justice à ses élus, qui crient à lui jour et nuit, et tardera-t-il à leur égard ? Je vous le dis, il leur fera promptement justice.*

4. Mais, quand le Fils de l'homme viendra, trouvera-t-il la foi sur la terre ? »

Note: Puisque Jésus déclare dans *Luc 18 : 8 « Je vous le dis, il leur fera promptement justice… »*, nous pouvons en déduire que la foi existera belle et bien dans les cœurs des chrétiens au jour du retour de Jésus. Cependant il ne vous revient qu'à vous d'y répondre personnellement, car la Bible déclare que nul ne prendra auprès de son frère de l'huile de la lampe au moment où le maître de la maison apparaitra.

Noté bien : Consigne à ne pas négliger **!**

5. S'il vous était posé cette même question : avez-vous LA FOI ? Quelle serait votre réponse ?

Note: A cette interrogation lancinante, analysons les responsabilités qu'exige une Foi constante dans l'effort et imprégnée de vigilance chrétienne, pour ainsi mériter d'apporter une réponse mature. **Primo : cette " foi " transmise par nos géants de Dieu, n'est-elle pas émaillée de doutes purs pour ainsi être qualifiée d'authentique ? Secundo : Ne sommes-nous pas finalement invités à l'initier, à la créer, au demeurant à l'innover comme ceux qui nous ont précédé ? Mais qu'est-ce que la " foi " provenant des ex-otages récemment délivrés du péché ?**

Note: Si elle n'est pas variable, elle n'est pas tout simplement chrétienne! Parce que celui qui possède la Foi, est d'abord avant tout, un artiste de l'Amour : car « *On demandera beaucoup à qui l'on a beaucoup donné, et on exigera davantage de celui à qui l'on a beaucoup confié.* » Mais faut-il alors ici se découvrir son identité au sein de la famille des rachetées, comme un qualificatif pour croire et oser : **est-ce cette faculté du don de Dieu qui aboutirait donc à la FOI ?**

Note: Cependant le paradoxe du Chrétien, c'est qu'il ne sait pas trop souvent ce qu'il « *possède à priori* », pour connaître qui il est « *à postériori* » ! Mais prenons cette autre préoccupation de ceux qui hésitent malgré la profusion de connaissances ! Agissant sans mandature, et qui finalement espèrent sans profondes convictions divines ... Pour une vie de chrétien remplie d'incertitudes, avec à la clef le résultat d'une existence mitigée au final !

6. D'où peut encore provenir les difficultés d'une vie chrétienne inaccomplie ? Luc 12 : 34 - 48

« *Car là où est votre trésor, là aussi sera votre cœur. Que vos reins soient ceints, et vos lampes allumées. Et vous, soyez semblables à des hommes qui attendent que leur maître revienne des noces, afin de lui ouvrir dès qu'il arrivera et frappera. Heureux ces serviteurs que le maître, à son arrivée, trouvera veillant ! Je vous le dis en vérité, il se ceindra, les fera mettre à table, et s'approchera pour les servir. Qu'il arrive à la deuxième ou à la troisième veille, heureux ces serviteurs, s'il les trouve veillant ! Sachez-le bien, si le maître de la maison savait à quelle heure le voleur doit venir, il veillerait et ne laisserait pas percer sa maison. Vous aussi, tenez-vous prêts, car le Fils de l'homme viendra à l'heure où vous n'y penserez pas. Pierre lui dit : Seigneur, est-ce à nous, ou à tous, que tu adresses cette parabole ? Et le Seigneur dit : Quel est donc l'économe fidèle et prudent que le maître établira sur ses gens, pour leur donner la nourriture au temps convenable ? Heureux ce serviteur, que son maître, à son arrivée, trouvera faisant ainsi ! Je vous le dis en vérité, il l'établira sur tous ses biens. Mais, si ce serviteur dit en lui-même : Mon maître tarde à venir ; s'il se met à battre les serviteurs et les servantes, à manger, à boire et à s'enivrer, le maître de ce serviteur viendra le jour où il ne s'y attend pas et à l'heure qu'il ne connaît pas, il le mettra en pièces, et lui donnera sa part avec les infidèles. Le serviteur qui, ayant connu la volonté de son maître, n'a rien préparé et n'a pas agi selon sa volonté, sera battu d'un grand nombre de coups. Mais celui qui, ne l'ayant pas connue, a fait des choses dignes de châtiment, sera battu de peu de coups.* **On demandera beaucoup à qui l'on a beaucoup donné, et on exigera davantage de celui à qui l'on a beaucoup confié.** »

NOTE: A cette démarche indispensable contenue dans ce texte précédemment lu, observons un exemple, tout aussi proche qu'original : celui d'un étranger, la foi du centurion romain.

Cette "foi" étonne à plus d'un titre. D'abord parce qu'elle expose une demande différemment exprimée jusqu'alors. Elle ne vient pas solliciter une aide en faveur d'un membre de la famille immédiate de l'interlocuteur de Jésus ! En effet dès le commencement, Jésus n'avait été abordé que pour une assistance d'intérêt strictement familial, et donc surtout judéenne… Pourtant cette fois ci, « *Car, moi qui suis soumis à des supérieurs, j'ai des soldats sous mes ordres ; et je dis à l'un : Va ! Et il va ; à l'autre : Viens ! Et il vient ; et à mon serviteur : Fais cela ! Et il le fait !* »

Quoiqu'éclairé sur le principe de la foi, Le Centurion Romain, cet homme appartenant à la nation ennemie de Dieu, ne va pas étaler mathématiquement l'application de ce principe de la Foi, comme un droit absolu, comme un acquis par le simple fait de sa connaissance logique, mais avec une approche nouvellement présentée à Jésus. Constatons sa démarche tout aussi particulière que ses origines romaines étonnantes ! D'autant plus que nous savons déjà que Jésus était venu exclusivement pour la nation juive! « *Seigneur, je ne suis pas digne que tu entres sous mon toit ; mais dis seulement un mot, et mon serviteur sera guéri.* » (***Confer Leçon N° 1 pour plus de précisions:*** **Le Baptême De Jésus-Christ, L'Onction Du Saint Des saints**).

7. Combien de "Foi" existe-t-il dans les Saintes Ecritures ? Ephésiens 4 : 4 – 6

« *Il y a un seul corps et un seul Esprit, comme aussi vous avez été appelés à une seule espérance par votre vocation ; il y a un seul*

Seigneur, ***une seule foi****, un seul baptême, un seul Dieu et Père de tous, qui est au-dessus de tous, et parmi tous, et en tous* »

Note: La Foi chrétienne est un mot toujours employé au singulier, c'est pour quoi « *il ya une seule Foi* »

8. Mais qu'est-ce que la foi ? *Hébreux 11 : 1 – 3*

« *Or la foi est une ferme assurance des choses qu'on espère, une démonstration de celles qu'on ne voit pas. Pour l'avoir possédée, les anciens ont obtenu un témoignage favorable.*

MANIFESTATION DE LA FOI CHRETIENNE

9. Quelle est la plus grande manifestation de la foi dans l'univers?

Hébreux 11 ,12 : 1 – 40 ,12 : 1 – 8 « *C'est par la foi que nous reconnaissons que le monde a été formé par la parole de Dieu, en sorte que ce qu'on voit n'a pas été fait de choses visibles.* »

10. L'accès au don de la foi est une quête humble. Quelle en est l'itinéraire ? Matthieu 15 : 24- 28 « *Seigneur, je ne suis pas digne que tu entres sous mon toit* »

11. Autre fois Jésus protesta à une demande similaire. Mais pourquoi donc ?

« *Il répondit : Je n'ai été envoyé qu'aux brebis perdues de la maison d'Israël. Mais elle vint se prosterner devant lui, disant : Seigneur, secours-moi ! Il répondit : Il n'est pas bien de prendre le pain des enfants, et de le jeter aux petits chiens. Oui, Seigneur, dit-elle, mais les petits chiens mangent les miettes qui tombent de la table de leurs maîtres. Alors Jésus lui dit : Femme, ta foi est grande ; qu'il te soit fait comme tu veux. Et, à l'heure même, sa fille fut guérie.* »

12. Pour quoi l'Officier Romain se juge-t-il indigne de recevoir Jésus ?

Matthieu 15 : 24- 28 « *Mais dis seulement un mot, et mon serviteur sera guéri.* »

NOTE: « *Dis seulement un mot* ». Ce militaire d'origine païenne, qui par ailleurs est ennemie supposé de la nation d'Israël, dispose de la connaissance nécessaire au salut en Christ. Il le Lui rappelle comme premier pilier de la foi en Dieu c'est-à-dire la Parole. « *Si tu crois dans ton cœur, et si tu confesses de ta bouche, tu seras sauvés !* »

13. En citant son exemple, l'Officier Romain justifie-t-il la soumission de Jésus à son tour à une Autorité supérieure ? Si oui laquelle ?

Matthieu 15 : 24- 28 « *Car, moi qui suis soumis à des supérieurs, j'ai des soldats sous mes ordres ; et je dis à l'un : Va ! Et il va ; à l'autre : Viens ! Et il vient ; et à mon serviteur : Fais cela ! Et il le fait.* »

NOTE: 1 Corinthiens 15 : 20 – 28 « *Et comme tous meurent en Adam, de même aussi tous revivront en Christ, mais chacun en son rang. Christ comme prémices, puis ceux qui appartiennent à Christ, lors de son avènement. Ensuite viendra la fin, quand il remettra le royaume à celui qui est Dieu et Père, après avoir détruit toute domination, toute autorité et toute puissance. Car il faut qu'il règne jusqu'à ce qu'il ait mis tous les ennemis sous ses pieds. Le dernier* *ennemi qui sera détruit, c'est la mort. Dieu, en effet, a tout mis sous ses pieds. Mais lorsqu'il dit que tout lui a été soumis, il est évident que celui qui lui a soumis toutes choses est excepté. Et lorsque toutes choses lui auront été soumises, alors le Fils lui-même sera soumis à celui qui lui a soumis toutes choses, afin que Dieu soit tout en tous.* »

14. Selon le passage de *Matthieu 15 : 24- 28* **quel seraient les sujets de Jésus comparables à ceux du Centurion ?** *Révélation 1 : 1*

« *Révélation de Jésus Christ, que Dieu lui a donnée pour montrer à ses serviteurs les choses qui doivent arriver bientôt, et qu'il a fait connaître, par l'envoi de son ange, à son serviteur Jean* »

15. Qu'attendait l'Officier romain de Jésus pour avoir accès à une demande d'assistance ? *Matthieu 15 : 24- 28*

« *Dis seulement un mot* ». Pour la simple raison évidente que « *Au commencement était la Parole, et la Parole était avec Dieu, et la Parole était Dieu. Elle était au commencement avec Dieu. Toutes choses ont été faites par elle, et rien de ce qui a été fait n'a été fait sans elle. En elle était la vie, et la vie était la lumière des hommes.* » *Jean 1 : 1 – 4*

16. Comment Jésus évalue-t-il la foi de cet Officier romain ?

Matthieu 15 : 24 – 28 « *Après l'avoir entendu, Jésus fut dans l'étonnement* » Actes 18 : 24 - 28 « *Un Juif nommé Apollos, originaire d'Alexandrie, homme éloquent et versé dans les Écritures, vint à Éphèse. Il était instruit dans la voie du Seigneur, et, fervent d'esprit, il annonçait et enseignait avec exactitude ce qui concerne Jésus, bien qu'il ne connût que le baptême de Jean. Il se mit à parler librement dans la synagogue. Aquilas et Priscille, l'ayant entendu, le prirent avec eux, et lui exposèrent plus exactement la voie de Dieu. Comme il voulait passer en Achaïe, les frères l'y encouragèrent, et écrivirent aux disciples de le bien recevoir. Quand il fut arrivé, il se rendit, par la grâce de Dieu, très utile à ceux qui avaient cru ; Car il réfutait vivement les Juifs en public, démontrant par les Écritures que Jésus est le Christ.* »

17. A quel autre exemple cet épisode nous renvoi-t-il ? Matthieu 15 : 24- 28

« *Il répondit : Je n'ai été envoyé qu'aux brebis perdues de la maison d'Israël. Mais elle vint se prosterner devant lui, disant : Seigneur, secours-moi ! Il répondit : Il n'est pas bien de prendre le pain des enfants, et de le jeter aux petits chiens. Oui, Seigneur, dit-elle, mais les petits chiens mangent les miettes qui tombent de la table de leurs maîtres. Alors Jésus lui dit : Femme, ta foi est grande ; qu'il te soit fait comme tu veux. Et, à l'heure même, sa fille fut guérie.* »

DEUX PERSONNES ETRANGERES A LA NATION D'ISRAEL : RESULTAT D'UNE MEME FOI !

18. Comment le soldat Romain et la femme syro phénicienne avaient-ils été encouragés par Jésus, suite à leurs quêtes respectives ?

« Et il dit à ceux qui le suivaient : Je vous le dis en vérité, même en Israël je n'ai pas trouvé une aussi grande foi. »

19. Et pour lever toute équivoque sur sa mission en faveur du reste du monde qu'en dit jésus ?

« Or, je vous déclare que plusieurs viendront de l'orient et de l'occident, et seront à table avec Abraham, Isaac et Jacob, dans le royaume des cieux. »

20. Par contre quel ultimatum Jésus donne-t-il aux Juifs ?

« Mais les fils du royaume seront jetés dans les ténèbres du dehors, où il y aura des pleurs et des grincements de dents. »

21. Mais cette étonnante foi en faveur du malade était-t-elle l'expression parfaite de la foi menant au salut éternel ?

« Puis Jésus dit au centenier : Va, qu'il te soit fait selon ta foi. Et à l'heure même le serviteur fut guéri. »

22. Jésus peut-il s'étonner ? Lui qui connaissait tout de l'Homme. *« Après l'avoir entendu, Jésus fut dans l'étonnement, et il dit à ceux qui le suivaient : Je vous le dis en vérité, même en Israël je n'ai pas trouvé une foi aussi grande foi.*

Note: Dieu est Esprit et il ne peut que parler avec Esprit. Au commencement Dieu créa les cieux et la terre dans notre livre de *Genèse 1 : 1.*

Note: Après plusieurs créations, Dieu dit : *« Faisons l'homme à notre image, selon notre ressemblance, et qu'il domine sur les poissons de la mer, sur les oiseaux du ciel, sur le bétail, sur toute la terre, et sur tous les reptiles qui rampent sur la terre. »* Puis Dieu créa l'Homme à son image, il le créa à l'image de Dieu, il créa l'homme et la femme. Comprenons bien que les termes *« à l'image de Dieu »*, pour la Bible, voudrait signifier que l'Homme possèderait en soi l'Esprit de Dieu qui lui conférerait une nature intelligente et libre de choix. Pourtant cet état de consécration particulière dont jouissaient Adam et Eve, s'estompa au moment où il se produisit un incident au jardin d'Eden, les premiers spécimens de l'humanité, péchèrent contre Dieu en obéissant à la voix de Satan qui entra en action dans leur vie, et ils furent contraint de retourner vers la matière de laquelle ils avaient été tirée : la terre. Ainsi nos deux parents interrompirent leur relation d'avec Dieu, car l'Eternel leur avait bien commandé dans Genèse 2 : 16 « *Tu pourras manger de tous les arbres du jardin ; mais tu ne mangeras pas de l'arbre de la connaissance du bien et du mal, car le jour où tu en mangeras, tu mourras.* »

23. Mais de quel mort s'agissait-il ? Biologique ou spirituelle ?

1 Corinthiens 15 : 48- 57 « *Tel est le terrestre, tels sont aussi les terrestres ; et tel est le céleste, tels sont aussi les célestes. Et de même que nous avons porté l'image du terrestre, nous porterons aussi l'image du céleste. Ce que je dis, frères, c'est que la chair et le sang ne peuvent hériter le royaume de Dieu, et que la corruption n'hérite pas l'incorruptibilité. Voici, je vous dis un mystère : nous ne mourrons pas tous, mais tous nous serons changés, en un instant, en un clin d'oeil, à la dernière trompette. La trompette sonnera, et les morts ressusciteront incorruptibles, et nous, nous serons changés. Car il faut que ce corps corruptible revête l'incorruptibilité, et que ce corps mortel revête l'immortalité. Lorsque ce corps corruptible aura revêtu l'incorruptibilité, et que ce corps mortel aura revêtu l'immortalité, alors s'accomplira la parole qui est écrite : La mort a été engloutie dans la victoire.* »

24. O mort, où est ta victoire ? O mort, où est ton aiguillon ? « *L'aiguillon de la mort, c'est le péché ; et la puissance* *du péché, c'est la loi. Mais grâces soient rendues à Dieu, qui nous donne la victoire par notre Seigneur Jésus Christ !* »

25. Est-ce que l'Homme a mangé le fruit ! Oui ou Non ? *Genèse 3 : 9 – 12*

« *Mais l'Éternel Dieu appela l'homme, et lui dit : Où es-tu ? Il répondit : J'ai entendu ta voix dans le jardin, et j'ai eu peur, parce que je suis nu, et je me suis caché. Et l'Éternel Dieu dit : Qui t'a appris que tu es nu ? Est-ce que tu as mangé de l'arbre dont je t'avais défendu de manger ? L'homme répondit : La femme que tu as mise auprès de moi m'a donné de l'arbre, et j'en ai mangé.* »

NOTE: Puisque l'homme après avoir mangé l'arbre défendu n'est pas mort ce jour-là ! Il a même encore vécu 950 ans après son forfait, nous pouvons en conclure que la mort dont il serait sujet n'était manifestement pas cette mort physique auquel ont part tous les Hommes après le péché d'Adam, mais plutôt de la mort spirituelle ! Voilà pourquoi…

26. Adam après avoir mangé le fruit défendu, pour quoi n'en n'est-il pas mort immédiatement ce même jour ? *Genèse 3 : 17 – 19*

« *Il dit à l'homme : Puisque tu as écouté la voix de ta femme, et que tu as mangé de l'arbre au sujet duquel je t'avais donné cet ordre : Tu n'en mangeras point ! le sol sera maudit à cause de toi. C'est à force de peine que tu en tireras ta nourriture tous les jours de ta vie, il te produira des épines et des ronces, et tu mangeras de l'herbe des champs. C'est à la sueur de ton visage que tu mangeras du pain, jusqu'à ce que tu retournes dans la terre, d'où tu as été pris ; car tu es poussière, et tu retourneras dans la poussière.* »

NOTE: Mais il ne s'agit pas de la mort de la chair, mais celle de l'Esprit qui est une mort spirituelle. Ça veut dire tout simplement qu'au moment où Adam et Eve ont mangé le fruit défendu, leurs cœurs se sont corrompus et l'esprit de Dieu qui était en eux s'en est allé. Et dès lors, Adam est devenu spirituellement mort. Ce même jour il a coupé la communication avec Dieu. Car « *Dieu est esprit et ne parle qu'à l'esprit vivant de l'Homme* ». Jean 4 : 21 - 24 « *Femme, lui dit Jésus, crois-moi, l'heure vient où ce ne sera ni sur cette montagne ni à Jérusalem que vous adorerez le Père. Vous adorez ce que vous ne connaissez pas ; nous, nous adorons ce que nous connaissons, car le salut vient des Juifs. Mais l'heure vient, et elle est déjà venue, où les vrais adorateurs adoreront le Père en esprit et en vérité ; car ce sont là les adorateurs que le Père demande. Dieu est Esprit, et il faut que ceux qui l'adorent l'adorent en esprit et en vérité.* »

27. Mais quelles sont les conditions de la nouvelle naissance spirituelle ?

NOTE: Le Christ en dira à Nicodème : Jean 3 : 5 « *Jésus répondit : En vérité, en vérité, je te le dis, si un homme ne naît d'eau et d'Esprit, il ne peut entrer dans le royaume de Dieu. Ce qui est né de la chair est chair, et ce qui est né de l'Esprit est Esprit. Ne* *t'étonne pas que je t'aie dit : Il faut que vous naissiez de nouveau. Le vent souffle où il veut, et tu en entends le bruit ; mais tu ne sais d'où il vient, ni où il va. Il en est ainsi de tout homme qui est né de l'Esprit. Nicodème lui dit : Comment cela peut-il se faire ? Jésus lui répondit : Tu es le docteur d'Israël, et tu ne sais pas ces choses ! En vérité, en vérité, je te le dis, nous disons ce que nous savons, et nous rendons témoignage de ce que nous avons vu ; et vous ne recevez pas notre témoignage. Si vous ne croyez pas quand je vous ai parlé des choses terrestres, comment croirez-vous quand je vous parlerai des choses célestes ? Personne n'est monté au ciel, si ce n'est celui qui est descendu du ciel, le Fils de l'homme qui est dans le ciel.* »

28. Quelle est donc la conséquence de la désobéissance de nos premiers parents dans le jardin d'Eden ? 1 Corinthiens 15 : 20 – 28

« *Mais maintenant, Christ est ressuscité des morts, il est les prémices de ceux qui sont morts. Car, puisque la mort est venue par un homme, c'est aussi par un homme qu'est venue la résurrection des morts. Et comme tous meurent en Adam, de même aussi tous revivront en Christ, mais chacun en son rang. Christ comme prémices, puis ceux qui appartiennent à Christ, lors de son avènement. Ensuite viendra la fin, quand il remettra le royaume à celui qui est Dieu et Père, après avoir détruit toute domination, toute autorité et toute puissance. Car il faut qu'il règne jusqu'à ce qu'il ait mis tous les ennemis sous ses pieds. Le dernier ennemi qui sera détruit, c'est la mort. Dieu, en effet, a tout mis sous ses pieds. Mais lorsqu'il dit que tout lui a été soumis, il est évident que celui qui lui a soumis toutes choses est excepté. Et lorsque toutes choses lui auront été soumises, alors le Fils lui-même sera soumis à celui qui lui a soumis toutes choses, afin que Dieu soit tout en tous.* » Hébreux 9 : 15 - 17 « *Et c'est pour cela qu'il est le médiateur d'une nouvelle alliance, afin que, la mort étant intervenue pour le rachat des transgressions commises sous la première alliance, ceux qui ont été appelés reçoivent l'héritage éternel qui leur a été promis. Car là où il y a un testament, il est nécessaire que la mort du testateur soit constatée. Un testament, en effet, n'est valable qu'en cas de mort, puisqu'il n'a aucune force tant que le testateur vit.* »

29. Adam ne portant plus l'esprit de Dieu en lui, les enfants nés après son péché, de qui auront-ils la ressemblance ? 1 Corinthiens 1 15 : 42 - 47 « *Ainsi en est-il de la résurrection des morts. Le corps est semé corruptible ; il ressuscite incorruptible ; il est semé méprisable, il ressuscite glorieux ; il est semé infirme, il ressuscite plein de force ; il est semé corps animal, il ressuscite corps spirituel. S'il y a un corps animal, il y a aussi un corps spirituel. C'est pourquoi il est écrit : Le premier homme, Adam, devint une âme vivante. Le dernier Adam est devenu un esprit vivifiant. Mais ce qui est spirituel n'est pas le premier, c'est ce qui est animal ; ce qui est spirituel vient ensuite. Le premier homme, tiré de la terre, est terrestre ; le second homme est du ciel.* »

NOTE: Malheureusement Adam, ce premier Homme ancêtre de l'humanité que Dieu créa, juste après son forfait commis à la suite de la rupture de l'interdit de Dieu sur la consommation du fruit défendu dans le jardin d'Eden, commença à donner naissance à des enfants portant en eux-également les germes spirituels de cette désobéissance : la mort. Cela voudrait également dire que les enfants issus de ce premier couple déchu, héritèrent aussi la semence de la mort spirituelle et ne purent plus être qualifiés pour la promesse de Dieu c'est-à-dire la vie éternelle, sans passer au préalable par le rachat du sang indispensable de la grâce de Jésus-Christ. En raison de l'héritage de déchéance que le péché aura été introduite par nos ascendants Adam et Eve, les Hommes ne seront pas jetés dans l'Etang ardant de feu pour avoir commis de péchés seulement, mais surtout pour avoir reçu, la nature adamique de la désobéissance dès leur naissance. Causant du coup à toute cette race humaine, la douleur de la mort issue du fruit de la connaissance du bien et du mal originel. *Genèse 3 : 3*

30. Mais Adam et sa famille ont-ils connus immédiatement la mort dès la profanation de la loi divine ? *Genèse 2 : 16 - 17*

« L'Éternel Dieu donna cet ordre à l'homme : Tu pourras manger de tous les arbres du jardin ; mais tu ne mangeras pas de l'arbre de la connaissance du bien et du mal, car le jour où tu en mangeras, tu mourras. »

NOTE: Non !

31. La raison pour laquelle Adam n'est pas mort le jour où il mangea le fruit défendu tel que Dieu le prévint 2 Pierre 3 : 8 - 10

« *Mais il est une chose, bien-aimés, que vous ne devez pas ignorer, c'est que, devant le Seigneur, un jour est comme mille ans, et mille ans sont comme un jour.* »

32. Si un "Jour égal 1000 ans" jusqu'à quel âge Adam vécu-t-il donc ?

Genèse 5 :5 « *Tous les jours qu'Adam vécut furent de* ***neuf cent trente ans****; puis il mourut.* »

33. Mais pour quoi Adam ne connut-il pas à l'instant ce même jour la mort ?

2 Pierre 3 : 8 - 10 « *Le Seigneur ne tarde pas dans l'accomplissement de la promesse, comme quelques-uns le croient ; mais il use de patience envers vous, ne voulant pas qu'aucun périsse, mais voulant que tous arrivent à la repentance. Le jour du Seigneur viendra comme un voleur ; en ce jour, les cieux passeront avec fracas, les éléments embrasés se dissoudront, et la terre avec les œuvres qu'elle renferme sera consumée.* »

34. Alors en quoi sommes-nous concernés ? Actes 17 : 26 - 28

« Il a fait que tous les hommes, sortis d'un seul sang, habitassent sur toute la surface de la terre, ayant déterminé la durée des temps et les bornes de leur demeure ; il a voulu qu'ils cherchassent le Seigneur, et qu'ils s'efforçassent de le trouver en tâtonnant, bien qu'il ne soit pas loin de chacun de nous, car en lui nous avons la vie, le mouvement, et l'être. C'est ce qu'ont dit aussi quelques-uns de vos poètes : De lui nous sommes la race... »

NOTE: C'est parce que nous sommes tous nés d'un seul sang, ce qui voudrait dire que nous sommes la génération issue d'un Adam mort, et que sans le " salut " en Jésus-Christ, nous serons toujours restés aussi bien des Morts spirituels dont la conséquence se solderait par une mort biologique. Du fait d'être nés après qu'Adam soit devenu spirituellement mort, ainsi nous portons l'échantillon d'un Adam mort. Tout homme né sur terre porte les germes de la mort spirituelle en lui. Ce n'est donc pas la pratique du péché dans la vie des Hommes qui fait d'eux qu'ils soient des pécheurs, mais c'est cette nature héritée depuis Adam qui en est la cause absolue ! Conclusion les Hommes ne sont pas condamnés pour avoir péché ! Mais plutôt pour n'avoir pas accepté Le Christ comme Fils de Dieu et Sauveur. Lisons Romain 5 : 12 *« C'est pourquoi, comme par un seul homme le péché est entré dans le monde, et par le péché la mort, et qu'ainsi la mort s'est étendue sur tous les hommes, parce que tous ont péché... ».*

35. Comment Jésus qualifia-t-il ceux qui n'ont que la vie biologique adamique ? *Luc 9 : 60*

« *Mais Jésus lui dit : Laisse les morts ensevelir leurs morts ; et toi, va annoncer le royaume de Dieu.* »

NOTE: Mais par la grâce du Très Haut, nous n'avons pas reçu seulement une vie naturelle qui est chaire dont Jésus qualifia ceux qui la possèdent de personnes « *mortes* » *Luc 9 : 60* « *Mais Jésus lui dit : Laisse les morts ensevelir leurs morts ; et toi, va annoncer le royaume de Dieu.* » Jésus parle également d'une Nouvelle Naissance spirituelle à un de ses disciples docteur en Israël venu le rencontrer discrètement pour négocier son éternité. Cet homme s'appelait Nicodème.

36. Alors comment est-il possible à un mort spirituel de travailler pour Dieu ?

Les serviteurs de Dieu ne doivent pas être nés du sang « *ni de la volonté de la chaire encore moins de celle de l'homme* ». *Jean 1 : 12 – 13.* Exemple typique, la naissance d'Ismaël par Agar.

FAUSSES CONCEPTIONS DE LA NOUVELLE NAISSANCE

37. Le zèle d'évangéliser est-il la preuve suffisante d'avoir acquis la naissance spirituelle ? Actes 18 : 24-28 **Un Juif nommé Apollos**

« *Un Juif nommé Apollos, originaire d'Alexandrie, homme éloquent et versé dans les Écritures, vint à Éphèse. Il était instruit dans la voie du Seigneur, et, fervent d'esprit, il annonçait et enseignait avec exactitude ce qui concerne Jésus, bien qu'il ne connût que le baptême de Jean. Il se mit à parler librement dans la synagogue. Aquilas et Priscille, l'ayant entendu, le prirent avec eux, et lui exposèrent plus exactement la voie de Dieu. Comme il voulait passer en Achaïe, les frères l'y encouragèrent, et écrivirent aux disciples de le bien recevoir. Quand il fut arrivé, il se rendit, par la grâce de Dieu, très utile à ceux qui avaient cru ; Car il réfutait vivement les Juifs en public, démontrant par les Écritures que Jésus est le Christ.* »

38. Est-il vérifié que tout baptême donne la vie spirituelle ? 1 Corinthiens 15 : 29

« *Autrement, que feraient ceux qui se font baptiser pour les morts ? Si les morts ne ressuscitent absolument pas, pourquoi se font-ils baptiser pour eux ?* » Actes 19 : 2 - 5 « *Avez-vous reçu le Saint Esprit, quand vous avez cru ? Ils lui répondirent : Nous n'avons pas même entendu dire qu'il y ait un Saint Esprit. Il dit : …*

39. De quel baptême avez-vous donc été baptisés ? *Et ils répondirent : Du baptême de Jean. Alors Paul dit : Jean a baptisé du baptême de repentance, disant au peuple de croire en celui qui venait après lui, c'est-à-dire, en Jésus. Sur ces paroles, ils furent baptisés au nom du Seigneur Jésus.* »

40. Le zèle dans les prières confirme-t-il la naissance spirituelle ?

Corneille le centenier Romain *Actes 10 :1 - 48* « *Il y avait à Césarée un homme nommé Corneille, centenier dans la cohorte dite italienne.* **10.2** *Cet homme était pieux et craignait Dieu, avec toute sa maison ; il faisait beaucoup d'aumônes au peuple, et priait Dieu continuellement.* **10.3** *Vers la neuvième heure du jour, il vit clairement dans une vision un ange de Dieu qui entra chez lui, et qui lui dit : Corneille !* »

41. La charité envers les autres assure-t-elle la nouvelle naissance ?

Corneille le centenier Romain *Actes 10 : 1 - 48* « *Les regards fixés sur lui, et saisi d'effroi, il répondit : Qu'est-ce, Seigneur ? Et l'ange lui dit : Tes prières et tes aumônes sont montées devant Dieu, et il s'en est souvenu. Envoie maintenant des hommes à Joppé, et fais venir Simon, surnommé Pierre ; il est logé chez un certain Simon, corroyeur, dont la maison est près de la mer. Dès que l'ange qui lui avait parlé fut parti, Corneille appela deux de ses serviteurs, et un soldat pieux d'entre ceux qui étaient attachés à sa* *personne ; et, après leur avoir tout raconté, il les envoya à Joppé. Le lendemain, comme ils étaient en route, et qu'ils approchaient de la ville, Pierre monta sur le toit, vers la sixième heure, pour prier. Il eut faim, et il voulut manger. Pendant qu'on lui préparait à manger, il tomba en extase. Il vit le ciel ouvert, et un objet semblable à une grande nappe attachée par les quatre coins, qui descendait et s'abaissait vers la terre, et où se trouvaient tous les quadrupèdes et les reptiles de la terre et les oiseaux du ciel. Et une voix lui dit : Lève-toi, Pierre, tue et mange. Mais Pierre dit : Non, Seigneur, car je n'ai jamais rien mangé de souillé ni d'impur. Et pour la seconde fois la voix se fit encore entendre à lui : Ce que Dieu a déclaré pur, ne le regarde pas comme souillé. Cela arriva jusqu'à trois fois ; et aussitôt après, l'objet fut retiré dans le ciel. Tandis que Pierre ne savait en lui-même que penser du sens de la vision qu'il avait eue, voici, les hommes envoyés par Corneille, s'étant informés de la maison de Simon, se présentèrent à la porte, et demandèrent à haute voix si c'était là que logeait Simon, surnommé Pierre. Et comme Pierre était à réfléchir sur la vision, l'Esprit lui dit : Voici, trois hommes te demandent ; lève-toi, descends, et pars avec eux sans hésiter, car c'est moi qui les ai envoyés. Pierre donc descendit, et il dit à ces hommes : Voici, je suis celui que vous cherchez ; quel est le motif qui vous amène ? Ils répondirent : Corneille, centenier, homme juste et craignant Dieu, et de qui toute la nation des Juifs rend un bon témoignage, a été divinement averti par un saint ange de te faire venir dans sa maison et d'entendre tes paroles. Pierre donc les fit entrer, et les logea. Le lendemain, il se leva, et partit avec eux. Quelques-uns des frères de Joppé l'accompagnèrent. Ils arrivèrent à*

Césarée le jour suivant. Corneille les attendait, et avait invité ses parents et ses amis intimes. Lorsque Pierre entra, Corneille, qui était allé au-devant de lui, tomba à ses pieds et se prosterna. Mais Pierre le releva, en disant : Lève-toi ; moi aussi, je suis un homme. Et conversant avec lui, il entra, et trouva beaucoup de personnes réunies. Vous savez, leur dit-il, qu'il est défendu à un Juif de se lier avec un étranger ou d'entrer chez lui ; mais Dieu m'a appris à ne regarder aucun homme comme souillé et impur. C'est pourquoi je n'ai pas eu d'objection à venir, puisque vous m'avez appelé ; je vous demande donc pour quel motif vous m'avez envoyé chercher. Corneille dit : Il y a quatre jours, à cette heure-ci, je priais dans ma maison à la neuvième heure ; et voici, un homme vêtu d'un habit éclatant se présenta devant moi, et dit : Corneille, ta prière a été exaucée, et Dieu s'est souvenu de tes aumônes. Envoie donc à Joppé, et fais venir Simon, surnommé Pierre ; il est logé dans la maison de Simon, corroyeur, près de la mer. Aussitôt j'ai envoyé vers toi, et tu as bien fait de venir. Maintenant donc nous sommes tous devant Dieu, pour entendre tout ce que le Seigneur t'a ordonné de nous dire. Alors Pierre, ouvrant la bouche, dit : En vérité, je reconnais que Dieu ne fait point acception de personnes, mais qu'en toute nation celui qui le craint et qui pratique la justice lui est agréable. Il a envoyé la parole aux fils d'Israël, en leur annonçant la paix par Jésus Christ, qui est le Seigneur de tous. Vous savez ce qui est arrivé dans toute la Judée, après avoir commencé en Galilée, à la suite du baptême que Jean a prêché ; vous savez comment Dieu a oint du Saint Esprit et de force Jésus de Nazareth, qui allait de lieu en lieu faisant du bien et guérissant tous ceux qui étaient sous l'empire du diable, car Dieu était avec lui. Nous sommes témoins de tout ce qu'il a fait dans le pays des Juifs et à Jérusalem. Ils l'ont tué, en le pendant au bois. Dieu l'a ressuscité le troisième jour, et il a permis qu'il apparût, non à tout le peuple, mais aux témoins choisis d'avance par Dieu, à nous qui avons mangé et bu avec lui, après qu'il fut ressuscité des morts. Et Jésus nous a ordonné de prêcher au peuple et d'attester que c'est lui qui a été établi par Dieu juge des vivants et des morts. Tous les prophètes rendent de lui le témoignage que quiconque croit en lui reçoit par son nom le pardon des péchés. Comme Pierre prononçait encore ces mots, le Saint Esprit descendit sur tous ceux qui écoutaient la parole. Tous les fidèles circoncis qui étaient venus avec Pierre furent étonnés de ce que le don du Saint Esprit était aussi répandu sur les païens. Car ils les entendaient parler en langues et glorifier Dieu. Alors Pierre dit : Peut-on refuser l'eau du baptême à ceux qui ont reçu le Saint Esprit aussi bien que nous ? Et il ordonna qu'ils fussent baptisés au nom du Seigneur. Sur quoi ils le prièrent de rester quelques jours auprès d'eux. »

42. Une naissance prophétiquement annoncée est-elle le signe d'une naissance spirituelle ? Samuel le Jeune Prophète 1 Samuel 1 : 27 - 28

« *C'était pour cet enfant que je priais, et l'Éternel a exaucé la prière que je lui adressais. Aussi je veux le prêter à l'Éternel : il sera toute sa vie prêtée à l'Éternel. Et ils se prosternèrent là devant l'Éternel.* » 1 Samuel 3 : 3 - 8 « *la lampe de Dieu n'était pas encore éteinte, et Samuel était couché dans le temple de l'Éternel, où était l'arche de Dieu. Alors l'Éternel appela Samuel. Il répondit : Me voici ! Et il courut vers Éli, et dit : Me voici, car tu m'as appelé. Éli répondit : Je n'ai point appelé ; retourne te coucher. Et il alla se coucher. L'Éternel appela de nouveau Samuel. Et Samuel se leva, alla vers Éli, et dit : Me voici, car tu m'as appelé. Éli répondit : Je n'ai point appelé, mon fils, retourne te coucher.* **Samuel ne connaissait pas encore l'Éternel, et la parole de l'Éternel ne lui avait pas encore été révélée.** *L'Éternel appela de nouveau Samuel, pour la troisième fois. Et Samuel se leva, alla vers Éli, et dit : Me voici, car tu m'as appelé. Éli comprit que c'était l'Éternel qui appelait l'enfant* »

QUEL EST LE PROCESSUS DU DON DE LA FOI EN JESUS-CHRIST ET DE LA NOUVELLE NAISSANCE ?

43. Comment est transmise la foi ? « *Les choses par lesquelles tu seras sauvé Pierre* »

Foi et nouvelle naissance : similitude/ divergence. « Tu crois qu'il y a un seul Dieu, les démons aussi… »

Les deux disciples d'Emmaüs *Luc 24.13- 32*

« *Et voici, ce même jour, deux disciples allaient à un village nommé Emmaüs, éloigné de Jérusalem de soixante stades ; et ils s'entretenaient de tout ce qui s'était passé. Pendant qu'ils parlaient et discutaient, Jésus s'approcha, et fit route avec eux. Mais leurs yeux étaient empêchés de le reconnaître. Il leur dit : De quoi vous entretenez-vous en marchant, pour que vous soyez tout tristes ? L'un d'eux, nommé Cléopas, lui répondit : Es-tu le seul qui, séjournant à Jérusalem ne sache pas ce qui y est arrivé ces jours-ci ? -Quoi ? leur dit-il. -Et ils lui répondirent : Ce qui est arrivé au sujet de Jésus de Nazareth, qui était un prophète puissant en œuvres et en paroles devant Dieu et devant tout le peuple, et comment les principaux sacrificateurs et nos magistrats l'on livré pour le faire condamner à mort et l'ont crucifié. Nous espérions que ce serait lui qui délivrerait Israël ; mais avec tout cela, voici le troisième jour que ces choses se sont passées. Il est vrai que quelques femmes d'entre nous nous ont fort étonnés ; s'étant rendues de grand matin au sépulcre et n'ayant pas trouvé son corps, elles sont venues dire que des anges leurs sont apparus et ont annoncé qu'il est vivant. Quelques-uns de ceux qui étaient avec nous sont allés au sépulcre, et ils ont trouvé les choses comme les femmes l'avaient dit ; mais lui, ils ne l'ont point vu. Alors Jésus leur dit : O hommes sans intelligence, et dont le cœur est lent à croire tout ce qu'ont dit les prophètes ! Ne fallait-il pas que le Christ souffrît ces choses, et qu'il entrât dans sa gloire ? Et, commençant par Moïse et par tous les prophètes, il leur expliqua dans toutes les Écritures ce qui le concernait. Lorsqu'ils furent près du village où ils allaient, il parut vouloir aller plus loin. Mais ils le pressèrent, en disant : Reste avec nous, car le soir approche, le jour est sur son déclin. Et il entra, pour rester avec eux. Pendant qu'il était à table avec eux, il prit le pain ; et, après avoir rendu grâces, il le rompit, et le leur donna. Alors leurs yeux s'ouvrirent, et ils le reconnurent ; mais il disparut de devant eux. Et ils se dirent l'un à l'autre : Notre cœur ne brûlait-il pas au-dedans de nous, lorsqu'il nous parlait en chemin et nous expliquait les Écritures ?* »

Le jour de la pentecôte *Actes 2 : 14 – 27*

« *Alors Pierre, se présentant avec les onze, éleva la voix, et leur parla en ces termes : Hommes Juifs, et vous tous qui séjournez à Jérusalem, sachez ceci, et prêtez l'oreille à mes paroles ! Ces gens ne sont pas ivres, comme vous le supposez, car c'est la troisième heure du jour. Mais c'est ici ce qui a été dit par le prophète Joël : Dans les derniers jours, dit Dieu, je répandrai de mon Esprit sur toute chair ; Vos fils et vos filles prophétiseront, Vos jeunes gens auront des visions, Et vos vieillards auront des songes. Oui, sur mes serviteurs et sur mes servantes, Dans ces jours-là, je répandrai de mon Esprit ; et ils prophétiseront. Je ferai paraître des prodiges en haut dans le ciel et des miracles en bas sur la terre, Du sang, du feu, et une vapeur de fumée ; Le soleil se changera en ténèbres, Et la lune en sang, Avant l'arrivée du jour du Seigneur, De ce jour grand et glorieux. Alors quiconque invoquera le nom du Seigneur sera sauvé. Hommes Israélites, écoutez ces paroles ! Jésus de Nazareth, cet homme à qui Dieu a rendu témoignage devant vous par les miracles, les prodiges et les signes qu'il a opérés par lui au milieu de vous, comme vous le savez vous-mêmes ; cet homme, livré selon le dessein arrêté et selon la prescience de Dieu, vous l'avez crucifié, vous l'avez fait mourir par la main des impies. Dieu l'a ressuscité, en le délivrant des liens de la mort, parce qu'il n'était pas possible qu'il fût retenu par elle. Car David dit de lui : Je voyais constamment le Seigneur devant moi, Parce qu'il est à ma droite, afin que je ne sois point ébranlé. Aussi mon cœur est dans la joie, et ma langue dans l'allégresse ; Et même ma chair reposera avec espérance, Car tu n'abandonneras pas mon âme dans le séjour des morts, Et tu ne permettras pas que ton Saint voie la corruption. Tu m'as fait connaître les sentiers de la vie, Tu me rempliras de joie par ta présence. Hommes frères, qu'il me soit permis de vous dire librement, au sujet du patriarche David, qu'il est mort, qu'il a été enseveli, et que son sépulcre existe encore aujourd'hui parmi nous. Comme il était prophète, et qu'il savait que Dieu lui avait promis avec serment de faire asseoir un de ses descendants sur son trône, c'est la résurrection du Christ qu'il a prévue et annoncée, en disant qu'il ne serait pas abandonné dans le séjour des morts et que sa chair ne verrait pas la corruption. C'est ce Jésus que Dieu a ressuscité ; nous en sommes tous témoins. Élevé par la droite de Dieu, il a reçu du Père le Saint Esprit qui avait été promis, et il l'a répandu, comme vous le voyez et l'entendez. Car David n'est point monté au ciel, mais il dit lui-même : Le Seigneur a dit à mon Seigneur : Assieds-toi à ma droite, Jusqu'à ce que je fasse de tes ennemis ton marchepied. Que toute la maison d'Israël sache donc avec certitude que Dieu a fait Seigneur et Christ ce Jésus que vous avez crucifié. Après avoir entendu ce discours, ils eurent le cœur vivement touché, et ils dirent à Pierre et aux autres apôtres : Hommes frères, que ferons-nous ? Pierre leur dit : Repentez-vous, et que chacun de vous soit baptisé au nom de Jésus Christ, pour le pardon de vos péchés ; et vous recevrez le don du Saint Esprit. Car la promesse est pour vous, pour vos enfants, et pour tous ceux qui sont au loin, en aussi grand nombre que le Seigneur notre Dieu les appellera. Et, par plusieurs autres paroles, il les conjurait et les exhortait, disant : Sauvez-vous de cette génération perverse. Ceux qui acceptèrent sa parole furent baptisés ; et, en ce jour-là, le nombre des disciples s'augmenta d'environ trois mille âmes. Ils persévéraient dans l'enseignement des apôtres, dans la communion fraternelle, dans la fraction du pain, et dans les prières. La crainte s'emparait de chacun, et il se faisait beaucoup de prodiges et de miracles par les apôtres. Tous ceux qui croyaient étaient dans le même lieu, et ils avaient tout en commun. Ils vendaient leurs propriétés et leurs biens, et ils en partageaient le produit entre tous, selon les besoins de chacun. Ils étaient chaque jour tous ensembles assidus au temple, ils rompaient le pain dans les maisons, et prenaient leur nourriture avec joie et simplicité de cœur, Pierre devant le temple de Jérusalem* »

Le miracle du Paralytique Actes 3 : 12 – « *Pierre, voyant cela, dit au peuple : Hommes Israélites, pourquoi vous étonnez-vous de cela ? Pourquoi avez-vous les regards fixés sur nous, comme si c'était par notre propre puissance ou par notre piété que nous eussions fait marcher cet homme ? Le Dieu d'Abraham, d'Isaac et de Jacob, le Dieu de nos pères, a glorifié son serviteur Jésus, que vous avez livré et renié devant Pilate, qui était d'avis qu'on le relâchât. Vous avez renié le Saint et le Juste, et vous avez demandé qu'on vous accordât la grâce d'un meurtrier. Vous avez fait mourir le Prince de la vie, que Dieu a ressuscité des morts ; nous en sommes témoins. C'est par la foi en son nom que son nom a raffermi celui que vous voyez et connaissez ; c'est la foi en lui qui a donné à cet homme cette entière guérison, en présence de vous tous. Et maintenant, frères, je sais que vous avez agi par ignorance, ainsi que vos chefs. Mais Dieu a accompli de la sorte ce qu'il avait annoncé d'avance par la bouche de tous ses prophètes, que son Christ devait souffrir. Repentez-vous donc et convertissez-vous, pour que vos péchés soient effacés, afin que des temps de rafraîchissement viennent de la part du Seigneur, et qu'il envoie celui qui vous a été destiné, Jésus Christ, que le ciel doit recevoir jusqu'aux temps du rétablissement de toutes choses, dont Dieu a parlé anciennement par la bouche de ses saints prophètes. Moïse a dit : Le Seigneur votre Dieu vous suscitera d'entre vos frères un prophète comme moi ; vous l'écouterez dans tout ce qu'il vous dira, et quiconque n'écoutera pas ce prophète sera exterminé du* *milieu du peuple. Tous les prophètes qui ont successivement parlé, depuis Samuel, ont aussi annoncé ces jours-là. Vous êtes les fils des prophètes et de l'alliance que Dieu a traitée avec nos pères, en disant à Abraham : Toutes les familles de la terre seront bénies en ta postérité. C'est à vous premièrement que Dieu, ayant suscité son serviteur, l'a envoyé pour vous bénir, en détournant chacun de vous de ses iniquités.* »

Lors de la grande persécution des débuts *Actes 8 : 1-25*

« *Saul avait approuvé le meurtre d'Étienne. Il y eut, ce jour-là, une grande persécution contre l'Église de Jérusalem ; et tous, excepté les apôtres, se dispersèrent dans les contrées de la Judée et de la Samarie. Des hommes pieux ensevelirent Étienne, et le pleurèrent à grand bruit. Saul, de son côté, ravageait l'Église ; pénétrant dans les maisons, il en arrachait hommes et femmes, et les faisait jeter en prison. Ceux qui avaient été dispersés allaient de lieu en lieu, annonçant la bonne nouvelle de la parole. Philippe, étant descendu dans la ville de Samarie, y prêcha le Christ. Les foules tout entières étaient attentives à ce que disait Philippe, lorsqu'elles apprirent et virent les miracles qu'il faisait. Car des esprits impurs sortirent de plusieurs démoniaques, en poussant de grands cris, et beaucoup de paralytiques et de boiteux furent guéris. Et il y eut une grande joie dans cette ville. Il y avait auparavant dans la ville un homme nommé Simon, qui, se donnant pour un personnage important, exerçait la magie et provoquait l'étonnement du peuple de la Samarie. Tous, depuis le plus petit jusqu'au plus grand, l'écoutaient attentivement, et disaient : Celui-ci est la puissance de Dieu, celle qui s'appelle la grande. Ils l'écoutaient attentivement, parce qu'il les avait longtemps étonnés par ses actes de magie. Mais, quand ils eurent cru à Philippe, qui leur annonçait la bonne nouvelle du royaume de Dieu et du nom de Jésus Christ, hommes et femmes se firent baptiser. Simon lui-même crut, et, après avoir été baptisé, il ne quittait plus Philippe, et il voyait avec étonnement les miracles et les grands prodiges qui s'opéraient. Les apôtres, qui étaient à Jérusalem, ayant appris que la Samarie avait reçu la parole de Dieu, y envoyèrent Pierre et Jean. Ceux-ci, arrivés chez les Samaritains, prièrent pour eux, afin qu'ils reçussent le Saint Esprit. Car il n'était encore descendu sur aucun d'eux ; ils avaient seulement été baptisés au nom du Seigneur Jésus. Alors Pierre et Jean leur imposèrent les mains, et ils reçurent le Saint Esprit. Lorsque Simon vit que le Saint Esprit était donné par l'imposition des mains des apôtres, il leur offrit de l'argent, en disant : Accordez-moi aussi ce pouvoir, afin que celui à qui j'imposerai les mains reçoive le Saint Esprit. Mais Pierre lui dit : Que ton argent périsse avec toi, puisque tu as cru que le don de Dieu s'acquérait à prix d'argent ! Il n'y a pour toi ni part ni lot dans cette affaire, car ton cœur n'est pas droit devant Dieu. Repens-toi donc de ta méchanceté, et prie le Seigneur pour que la pensée de ton cœur te soit pardonnée, s'il est possible ; car je vois que tu es dans un fiel amer et dans les liens de l'iniquité. Simon répondit : Priez vous-mêmes le Seigneur pour moi, afin qu'il ne m'arrive rien de ce que vous avez dit. Après avoir rendu témoignage à la parole du Seigneur, et après l'avoir prêchée, Pierre et Jean retournèrent à Jérusalem, en annonçant la bonne nouvelle dans plusieurs villages des Samaritains.* »

L'Eunuque Ethiopien *Actes 8 : 26 - 40*

« *Un ange du Seigneur, s'adressant à Philippe, lui dit : Lève-toi, et va du côté du midi, sur le chemin qui descend de Jérusalem à Gaza, celui qui est désert. Il se leva, et partit. Et voici, un Éthiopien, un eunuque, ministre de Candace, reine d'Éthiopie, et surintendant de tous ses trésors, venu à Jérusalem pour adorer, s'en retournait, assis sur son char, et lisait le prophète Ésaïe. L'Esprit dit à Philippe : Avance, et approche-toi de ce char. Philippe accourut, et entendit l'Éthiopien qui lisait le prophète Ésaïe. Il lui dit : Comprends-tu ce que tu lis ? Il répondit : Comment le pourrais-je, si quelqu'un ne me guide ? Et il invita Philippe à monter et à s'asseoir avec lui. Le passage de l'Écriture qu'il lisait était celui-ci : Il a été mené comme une brebis à la boucherie ; Et, comme un agneau muet devant celui qui le tond, Il n'a point ouvert la bouche. Dans son humiliation, son jugement a été levé. Et sa postérité, qui la dépeindra ? Car sa vie a été retranchée de la terre. L'eunuque dit à Philippe : Je te prie, de qui le prophète parle-t-il ainsi ? Est-ce de lui-même, ou de quelque autre ? Alors Philippe, ouvrant la bouche et commençant par ce passage, lui annonça la bonne nouvelle de Jésus. Comme ils continuaient leur chemin, ils rencontrèrent de l'eau. Et l'eunuque dit : Voici de l'eau ; qu'est-ce qui empêche que je ne sois baptisé ? Philippe dit : Si tu crois de tout ton cœur, cela est possible. L'eunuque répondit : Je crois que Jésus Christ est le Fils de Dieu. Il fit arrêter le char ; Philippe et l'eunuque descendirent tous deux dans l'eau, et Philippe baptisa l'eunuque. Quand ils furent sortis de l'eau, l'Esprit du Seigneur enleva Philippe, et l'eunuque ne le vit plus. Tandis que, joyeux, il poursuivait sa route, Philippe se trouva dans Azot, d'où il alla jusqu'à Césarée, en évangélisant toutes les villes par lesquelles il passait.* »

Le témoignage d'Etienne *Actes 7 : 1- 58*

« *Le souverain sacrificateur dit : Les choses sont-elles ainsi ? Étienne répondit : Hommes frères et pères, écoutez ! Le Dieu de gloire apparut à notre père Abraham, lorsqu'il était en Mésopotamie, avant qu'il s'établît à Charran ; et il lui dit : Quitte ton pays et ta famille, et va dans le pays que je te montrerai. Il sortit alors du pays des Chaldéens, et s'établit à Charran. De là, après la mort de son père, Dieu le fit passer dans ce pays que vous habitez maintenant ; il ne lui donna aucune propriété en ce pays, pas même de quoi poser le pied, mais il promit de lui en donner la possession, et à sa postérité après lui, quoiqu'il n'eût point d'enfant. Dieu parla ainsi : Sa postérité séjournera dans un pays étranger ; on la réduira en servitude et on la maltraitera pendant quatre cents ans. Mais la nation à laquelle ils auront été asservis, c'est moi qui la jugerai, dit Dieu. Après cela, ils sortiront, et ils me serviront dans ce lieu-ci. Puis Dieu donna à Abraham l'alliance de la circoncision ; et ainsi, Abraham, ayant engendré Isaac, le circoncit le huitième jour ; Isaac engendra et circoncit Jacob, et Jacob les douze patriarches. Les patriarches, jaloux de Joseph, le vendirent pour être emmené en Égypte. Mais Dieu fut avec lui, et le délivra de toutes ses tribulations ; il lui donna de la sagesse et lui fit trouver grâce devant Pharaon, roi d'Égypte, qui l'établit gouverneur d'Égypte et de toute sa maison. Il survint une famine dans tout le pays d'Égypte, et dans celui de Canaan. La détresse était grande, et nos pères ne trouvaient pas de quoi se nourrir. Jacob apprit qu'il y avait du blé en Égypte, et il y envoya nos pères une première fois. Et la seconde fois, Joseph fut reconnue par ses frères, et Pharaon sut de quelle famille il était. Puis Joseph envoya chercher son père Jacob, et toute sa famille, composée de soixante-quinze personnes. Jacob descendit en Égypte, où il mourut, ainsi que nos pères ; et ils furent transportés à Sichem, et déposés dans le sépulcre qu'Abraham avait acheté, à prix d'argent, des fils d'Hémor, père de Sichem. Le temps approchait où devait s'accomplir la promesse que Dieu avait faite à Abraham, et le peuple s'accrut et se multiplia en Égypte, jusqu'à ce que parut un autre roi, qui n'avait pas connu Joseph. Ce roi, usant d'artifice contre notre race, maltraita nos pères, au point de leur faire exposer leurs enfants, pour qu'ils ne vécussent pas. A cette époque, naquit Moïse, qui était beau aux yeux de Dieu. Il fut nourri trois mois dans la maison de son père ; et, quand il eut été exposé, la fille de Pharaon le recueillit, et l'éleva comme son fils. Moïse fut instruit dans toute la sagesse des Égyptiens, et il était puissant en paroles et en œuvres. Il avait quarante ans, lorsqu'il lui vint dans le cœur de visiter ses frères, les fils d'Israël. Il en vit un qu'on outrageait, et, prenant sa défense, il vengea celui qui était maltraité, et frappa l'Égyptien. Il pensait que ses frères comprendraient que Dieu leur accordait la délivrance par sa main ; mais ils ne comprirent pas. Le jour suivant, il parut au milieu d'eux comme ils se battaient, et il les exhorta à la paix : Hommes, dit-il, vous êtes frères ; pourquoi vous maltraitez-vous l'un l'autre ? Mais celui qui maltraitait son prochain le repoussa, en disant : Qui t'a établi chef et juge sur nous ? Veux-tu me tuer, comme tu as tué hier l'Égyptien ? A cette parole, Moïse prit la fuite, et il alla séjourner dans le pays de Madian, où il engendra deux fils. Quarante ans plus tard, un ange lui apparut, au désert de la montagne de Sinaï, dans la flamme d'un buisson en feu. Moïse, voyant cela, fut étonné de cette apparition ; et, comme il s'approchait pour examiner, la voix du Seigneur se fit entendre : Je suis le Dieu de tes pères, le Dieu d'Abraham, d'Isaac et de Jacob. Et Moïse, tout tremblant, n'osait regarder. Le Seigneur lui dit : Ote tes souliers de tes pieds, car le lieu sur lequel tu te tiens est une terre sainte. J'ai vu la souffrance de mon peuple qui est en Égypte, j'ai entendu ses gémissements, et je suis descendu pour le délivrer. Maintenant, va, je t'enverrai en Égypte. Ce Moïse, qu'ils avaient renié, en disant : Qui t'a établi chef et juge ? C'est lui que Dieu envoya comme chef et comme libérateur avec l'aide de l'ange qui lui était apparu dans le buisson. C'est lui qui les fit sortir d'Égypte, en opérant des prodiges et des miracles au pays d'Égypte, au sein de la mer Rouge, et au désert, pendant quarante ans. C'est ce Moïse qui dit aux fils d'Israël : Dieu vous suscitera d'entre vos frères un prophète comme moi. C'est lui qui, lors de l'assemblée au désert, étant avec l'ange qui lui parlait sur la montagne de Sinaï et avec nos pères, reçut des oracles vivants, pour nous les donner. Nos pères ne voulurent pas lui obéir, ils le repoussèrent, et ils tournèrent leur cœur vers l'Égypte, en disant à Aaron : Fais-nous des dieux qui marchent devant nous ; car ce Moïse qui nous a fait sortir du pays d'Égypte, nous ne savons ce qu'il est devenu. Et, en ces jours-là, ils firent un veau, ils offrirent un sacrifice à l'idole, et se réjouirent de l'œuvre de leurs mains. Alors Dieu se détourna, et les livra au culte de l'armée du ciel, selon qu'il est écrit dans le livre des prophètes : M'avez-vous offert des victimes et des sacrifices Pendant quarante ans au désert, maison d'Israël ?... Vous avez porté la tente de Moloch Et l'étoile du dieu Remphan, Ces images que vous avez faites pour les adorer ! Aussi vous transporterai-je au-delà de Babylone. Nos pères avaient au désert le tabernacle du témoignage, comme l'avait ordonné celui qui dit à Moïse de le faire d'après le modèle qu'il avait vu. Et nos pères, l'ayant reçu, l'introduisirent, sous la conduite de Josué, dans le pays qui était possédé par les nations que Dieu chassa devant eux, et il y resta jusqu'aux jours de David. David trouva grâce devant Dieu, et demanda d'élever une demeure pour le Dieu de Jacob ; et ce fut Salomon qui lui bâtit une maison. Mais le Très Haut n'habite pas dans ce qui est fait de main d'homme, comme dit le prophète : Le ciel est mon trône, Et la terre mon marchepied. Quelle maison me bâtirez-vous, dit le Seigneur, Ou quel sera le lieu de mon repos ? N'est-ce pas ma main qui a fait toutes ces choses ?... Hommes au cou raide, incirconcis de cœur et d'oreilles ! Vous vous opposez toujours au Saint Esprit. Ce que vos pères ont été, vous l'êtes aussi. Lequel des prophètes vos pères n'ont-ils pas persécuté ? Ils ont tué ceux qui annonçaient d'avance la venue du Juste, que vous avez livré maintenant, et dont vous avez été les meurtriers, vous qui avez reçu la loi d'après des commandements d'anges, et qui ne l'avez point gardée !... En entendant ces paroles, ils étaient furieux dans leur cœur, et ils grinçaient des dents contre lui. Mais Étienne, rempli du Saint Esprit, et fixant les regards vers le ciel, vit la gloire de Dieu et*

Jésus debout à la droite de Dieu. Et il dit : Voici, je vois les cieux ouverts, et le Fils de l'homme debout à la droite de Dieu. Ils poussèrent alors de grands cris, en se bouchant les oreilles, et ils se précipitèrent tous ensemble sur lui, le traînèrent hors de la ville, et le lapidèrent. Les témoins déposèrent leurs vêtements aux pieds d'un jeune homme nommé Saul. »

Conclusion Transitoire :

La nouvelle naissance procède de l'écoute de la parole de Dieu et d'une ferme croyance des vérités dont elle nous y instruit comme étant « *Parole De Dieu* ». Tous ceux et celles qui sont « *Nés De Nouveau* », l'ont été parce qu'ils étaient en contact avec les paroles annoncées de Dieu. Fus-ce par l'entremise des anges, d'une vision, d'un songe, d'une révélation, Dieu s'est toujours servit des envoyés qu'il avait instruit en faveur de ceux qui doivent hériter de son Royaume, toujours par le seul canal, sa Parole ! *Jean 1 : 9 - 14* « *Cette lumière était la véritable lumière, qui, en venant dans le monde (…) éclaire tout homme. Elle était dans le monde, et le monde a été fait par elle (...) Mais à tous ceux qui l'ont reçue, à ceux qui croient en son nom, elle a donné le pouvoir de devenir enfants de Dieu, lesquels sont nés, non du sang, ni de la volonté de la chair, ni de la volonté de l'homme, mais de Dieu. Et la parole a été faite chair, et elle a habité parmi nous, pleine de grâce et de vérité ; et nous avons contemplé sa gloire, une gloire comme la gloire du Fils unique venu du Père.* »

CE QUI NOUS DONNE LA NOUVELLE NAISSANCE

Jean 1 : 9 - 14 « *Cette lumière était la véritable lumière, qui, en venant dans le monde, éclaire tout homme. Elle était dans le monde, et le monde a été fait par elle, et le monde ne l'a point connue. Elle est venue chez les siens, et les siens ne l'ont point reçue. Mais à tous ceux qui l'ont reçue, à ceux qui croient en son nom, elle a donné le pouvoir de devenir enfants de Dieu, lesquels sont nés, non du sang, ni de la volonté de la chair, ni de la volonté de l'homme, mais de Dieu. Et la parole a été faite chair, et elle a habité parmi nous, pleine de grâce et de vérité ; et nous avons contemplé sa gloire, une gloire comme la gloire du Fils unique venu du Père.* »

44. Qui ou quoi recevons nous lorsque le Bible parle *« Mais à tous ceux qui l'ont reçue »* ici ? De Jésus ou de sa parole ? Jean 1 : 9 - 14

« *Elle est venue chez les siens, et les siens ne l'ont point reçue. Mais à tous ceux qui l'ont reçue, à ceux qui croient en son nom, elle a donné le pouvoir de devenir enfants de Dieu, lesquels sont nés, non du sang, ni de la volonté de la chair, ni de la volonté de l'homme, mais de Dieu. Et la parole a été faite chair, et elle a habité parmi nous, pleine de grâce et de vérité ; et nous avons contemplé sa gloire, une gloire comme la gloire du Fils unique venu du Père.* »

PANORAMA DES APPARUTIONS DU CHRIST A QUELQUES SAINTS DURANT LES TEMPS APOSTOLIQUES

Les 500 apparitions du Christ à divers croyants juste après sa résurrection mangeant avec certains et exhortant d'autres à se souvenir de l'évangile, notamment la sainte scène.

Mais une fois Jésus retourné au ciel, ne pouvant plus continuer son œuvre le confia dans sa chair, impliqua pleinement son Eglise à assumer ses responsabilités face au salut du monde :

a) D'**Ananias** vers **Paul.**

b) **Philippe** vers l'**Eunuque Ethiopien.**

c) **Les deux disciples d'Emmaüs auprès des disciples réunis dans la chambre haute.**

d) **Pierre** vers **le Centenier Romain** par l'entremise des anges et d'**une vision.**

e) **Aquilas** et **Priscille** vers l'évangéliste **Apollos.**

Note: L'évangile est le moyen par excellence au travers duquel Jésus parlait aux disciples, mais il reste encore aujourd'hui l'unique source de communication de Dieu aux croyants chrétiens car il est écrit *1 Corinthiens 4 : 6* « *C'est à cause de vous, frères, que j'ai fait de ces choses une application à ma* *personne et à celle d'Apollos, afin que vous appreniez en nos personnes à ne pas aller au-delà de ce qui est écrit…»*

La lecture de la Bible est la seule voix d'accès à jésus depuis les temps apostoliques et demeurera comme telle jusqu'au retour du Christ et de la fin du monde. A titre d'exemple le rappel d'ordre de Jésus en direction de ceux qui mettront en doute sa parole :

- **Thomas**
- **Marie de Madeleine**

Attention !

Dans toutes les apparitions ou Missions de Jésus à l'Eglise ou à ceux qu'il appelait dans la Bible, Christ se manifestait toujours à plusieurs personnes et non pas à une seule personne individuellement. Fut-il pour inviter son Apôtre des Nations Paul, il envoya plusieurs de ses serviteurs vers celui qui constituait la terreur des Eglises, afin de révéler le caractère ecclésial de sa parole. **Avis aux CHERCHEURS de miracles en quête de manifestations spirituelles !**

LA FOULE DE TEMOINS DE LA FOI EN DIEU DANS LA BIBLE

L'offrande agrée d'Abel à Dieu au moyen de sa foi.

Hébreux 11 ,12 : 1 – 40 ,12 : 1 – 8 « *C'est par la foi qu'Abel offrit à Dieu un sacrifice plus excellent que celui de Caïn ; c'est par elle qu'il fut déclaré juste, Dieu approuvant ses offrandes ; et c'est par elle qu'il parle encore, quoique mort.* »

L'enlèvement physique d'Enoch dans le ciel grâce à sa foi :

Hébreux 11 ,12 : 1 – 40 ,12 : 1 – 8 « *C'est par la foi qu'Énoch fut enlevé pour qu'il ne vît point la mort, et qu'il ne parut plus parce Dieu l'avait enlevé ; car, avant son enlèvement, il avait reçu le témoignage qu'il était agréable à Dieu. Or sans la foi il est impossible de lui être agréable ; car il faut que celui qui s'approche de Dieu croie que Dieu existe, et qu'il est le rémunérateur de ceux qui le cherchent.* »

L'avertissement de Dieu à Noé avant la destruction des pécheurs d'autrefois. Hébreux 11 ,12 : 1 – 40 ,12 : 1 – 8

« *C'est par la foi que Noé, divinement averti des choses qu'on ne voyait pas encore, et saisi d'une crainte respectueuse, construisit une arche pour sauver sa famille ; c'est par elle qu'il condamna le monde, et devint héritier de la justice qui s'obtient par la foi. C'est par la foi qu'Abraham, lors de sa vocation, obéit et partit pour un lieu qu'il devait recevoir en héritage, et qu'il partit sans savoir où il allait. C'est par la foi qu'il vint s'établir dans la terre promise comme dans une terre étrangère, habitant sous des tentes, ainsi qu'Isaac et Jacob, les cohéritiers de la même promesse. Car il attendait la cité qui a de solides fondements, celle dont Dieu est l'architecte et le constructeur. C'est par la foi que Sara elle-même, malgré son âge avancé, fut rendue capable d'avoir une postérité, parce qu'elle crut à la fidélité de celui qui avait fait la promesse. »*

L'accomplissement de la promesse de Dieu à Jacob de remplir la terre.

Hébreux 11 ,12 : 1 - 40 ,12 : 1 - 8 « C'est pourquoi d'un seul homme, déjà usé de corps, naquit une postérité nombreuse comme les étoiles du ciel, comme le sable qui est sur le bord de la mer et qu'on ne peut compter. C'est dans la foi qu'ils sont tous morts, sans avoir obtenu les choses promises ; mais ils les ont vues et saluées de loin, reconnaissant qu'ils étaient étrangers et voyageurs sur la terre. Ceux qui parlent ainsi montrent qu'ils cherchent une patrie. S'ils avaient eu en vue celle d'où ils étaient sortis, ils auraient eu le temps d'y retourner. Mais maintenant ils en désirent une meilleure, c'est-à-dire une céleste. C'est pourquoi Dieu n'a pas honte d'être appelé leur Dieu, car il leur a préparé une cité. »

L'Offrande du Sacrifice d'Isaac à Dieu par Abraham au travers de sa Foi active. *Hébreux 11 ,12 : 1 – 40 ,12 : 1 – 8*

« C'est par la foi qu'Abraham offrit Isaac, lorsqu'il fut mis à l'épreuve, et qu'il offrit son fils unique, lui qui avait reçu les promesses, et à qui il avait été dit : En Isaac sera nommée pour toi une postérité. Il pensait que Dieu est puissant, même pour ressusciter les morts ; aussi le recouvra-t-il par une sorte de résurrection. C'est par la foi qu'Isaac bénit Jacob et Ésaü, en vue des choses à venir. »

La bénédiction de Jacob sur ses enfants par la Foi agissante.

Hébreux 11 ,12 : 1 – 40 ,12 : 1 – 8 « C'est par la foi que Jacob mourant bénit chacun des fils de Joseph, et qu'il adora, appuyé sur l'extrémité de son bâton. »

Le transfert des Os de Joseph annonçant la sortie d'Egypte par la Foi.

Hébreux 11 ,12 : 1 – 40 ,12 : 1 – 8 « C'est par la foi que Joseph mourant fit mention de la sortie des fils d'Israël, et qu'il donna des ordres au sujet de ses os. »

La Naissance dissimulée de Moïse par la Foi.

Hébreux 11 ,12 : 1 – 40 ,12 : 1 – 8 « C'est par la foi que Moïse, à sa naissance, fut caché pendant trois mois par ses parents, parce qu'ils virent que l'enfant était beau, et qu'ils ne craignirent pas l'ordre du roi. »

Le Combat Titanesque de Moïse contre l'Egypte par la Foi courageuse.

Hébreux 11 ,12 : 1 -- 40 ,12 : 1 – 8 « C'est par la foi que Moïse, devenu grand, refusa d'être appelé fils de la fille de Pharaon, aimant mieux être maltraité avec le peuple de Dieu que d'avoir pour un temps la jouissance du péché, regardant l'opprobre de Christ comme une richesse plus grande que les trésors de l'Égypte, car il avait les yeux fixés sur la rémunération. C'est par la foi qu'il quitta l'Égypte, sans être effrayé de la colère du roi ; car il se montra ferme, comme voyant celui qui est invisible. C'est par la foi qu'il fit la Pâque et l'aspersion du sang, afin que l'exterminateur ne touchât pas aux premiers-nés des Israélites. C'est par la foi qu'ils traversèrent la mer Rouge comme un lieu sec, tandis que les Égyptiens qui en firent la tentative furent engloutis. »

La Victoire des enfants de Dieu sur les Murs de Jéricho.

Hébreux 11 ,12 : 1 – 40 ,12 : 1 – 8 « C'est par la foi que les murailles de Jéricho tombèrent, après qu'on en eut fait le tour pendant sept jours. C'est par la foi que Rahab la prostituée ne périt pas avec les rebelles, parce qu'elle avait reçu les espions avec bienveillance. »

La Foule des Témoins Cités de La Foi en Dieu.

Hébreux 11 ,12 : 1 – 40 ,12 : 1 – 8 « *Et que dirai-je encore ? Car le temps me manquerait pour parler de Gédéon, de Barak, de Samson, de Jephthé, de David, de Samuel, et des prophètes, qui, par la foi, vainquirent des royaumes, exercèrent la justice, obtinrent des promesses, fermèrent la gueule des lions, éteignirent la puissance du feu, échappèrent au tranchant de l'épée, guérirent de leurs maladies, furent vaillants à la guerre, mirent en fuite des armées étrangères.* »

Le Cortège des Témoins méconnus de La Foi en Dieu.

Hébreux 11 ,12 : 1 – 40 ,12 : 1 – 8 « *Des femmes recouvrèrent leurs morts par la résurrection ; d'autres furent livrés aux tourments, et n'acceptèrent point de délivrance, afin d'obtenir une meilleure résurrection ; d'autres subirent les moqueries et le fouet, les chaînes et la prison ; ils furent lapidés, sciés, torturés, ils moururent tués par l'épée, ils allèrent çà et là vêtus de peaux de brebis et de peaux de chèvres, dénués de tout, persécutés, maltraités, eux dont le monde n'était pas digne, errants dans les déserts et les montagnes, dans les cavernes et les antres de la terre. Tous ceux-là, à la foi desquels il a été rendu témoignage, n'ont pas obtenu ce qui leur était promis, Dieu ayant en vue quelque chose de meilleur pour nous, afin qu'ils ne parvinssent pas sans nous à la perfection.* »

Interpellation de l'Eglise de la fin des temps au regard des Témoins de la Foi.

Hébreux 11 ,12 : 1 – 40 ,12 : 1 – 8 « *Nous donc aussi, puisque nous sommes environnés d'une si grande nuée de témoins, rejetons tout fardeau, et le péché qui nous enveloppe si facilement, et courons avec persévérance dans la carrière qui nous est ouverte, ayant les regards sur Jésus, le chef et le consommateur de la foi, qui, en vue de la joie qui lui était réservée, a souffert la croix, méprisé l'ignominie, et s'est assis à la droite du trône de Dieu. Considérez, en effet, celui qui a supporté contre sa personne une telle opposition de la part des pécheurs, afin que vous ne vous lassiez point, l'âme découragée.* »

Le plus grand défi du Chrétien d'aujourd'hui pour garder la foi.

Hébreux 11 ,12 : 1 – 40 ,12 : 1 – 8 « *Vous n'avez pas encore résisté jusqu'au sang, en luttant contre le péché. Et vous avez oubliez l'exhortation qui vous est adressée comme à des fils : Mon fils, ne méprise pas le châtiment du Seigneur, Et ne perds pas courage lorsqu'il te reprend ; Car le Seigneur châtie celui qu'il aime, Et il frappe de la verge tous ceux qu'il reconnaît pour ses fils. Supportez le châtiment : c'est comme des fils que Dieu vous traite ; car quel est le fils qu'un père ne châtie pas ? Mais si vous êtes exempts du châtiment auquel tous ont part, vous êtes donc des enfants illégitimes, et non des fils.* »

45. Et pour quoi est-il dit qu'il y a qu'une seule foi, laquelle donc ? « *Le centurion romain* »

46. Est-il indiqué de citer n'importe quels versets bibliques contenus dans l'Ancien Testament pour soutenir l'œuvre de salut du Christ ? L'exemple

Aggée 2 : 13

« Et Aggée dit : Si quelqu'un souillé par le contact d'un cadavre touche toutes ces choses, seront-elles souillées ? Les sacrificateurs répondirent : Elles seront souillées. »

Note: L'exemple de ce verset biblique cité par un prédicateur chrétien est-il d'actualité, en l'employant pour justifier ce qui est considéré pure de ce qui ne l'est pas. Au vue du christianisme depuis l'ère messianique, peut-on espéré affermir la foi des chrétiens, par la lecture de ce verset biblique de l'ancienne alliance ? **Evidemment que Non !**

47. La confession des péchés concerne-t-elle les non croyant aussi ?

Actes 18 : 19 « Plusieurs de ceux qui avaient cru venaient confesser et déclarer ce qu'ils avaient fait. Et un certain nombre de ceux qui avaient exercé les arts magiques, ayant apporté leurs livres, les brûlèrent devant tout le monde : on en estima la valeur à cinquante mille pièces d'argent. »

48. Le souvenir des péchés passés revient-il toujours quand on est né de nouveau ? *Hébreux 9 : 14*

« Combien plus le sang de Christ, qui, par un esprit éternel, s'est offert lui-même sans tache à Dieu, purifiera-t-il votre conscience des œuvres mortes, afin que vous serviez le Dieu vivant ! »

CONCLUSION FINALE

Frères et Sœurs chrétiens, pendant que vous vous êtes intéressé aux enseignements de cette série d'étude Biblique, " **QUE CELUI QUI LIT FASSE ATTENTION** ", nous vous savons grés de votre intérêt à l'appel de Dieu qui vous tend sa main secourable en ces temps difficiles de la foi. Mais sachez que Dieu vous aime infiniment. Pour notre part nous nous savons recommandé par Christ dans cette mission de défense de la cause de l'évangile. Un « *évangile pure sans tâches ni rides préparant son Eglise des derniers temps que Le Fils de Dieu revient chercher* » Ephésiens 5 : 24 – 27 « *Or, de même que l'Église est soumise à Christ, les femmes aussi doivent l'être à leurs maris en toutes choses. Maris, aimez vos femmes, comme Christ a aimé l'Église, et s'est livré lui-même pour elle, afin de la sanctifier par la parole, après l'avoir purifiée par le baptême d'eau, afin de faire paraître devant lui cette Église glorieuse, sans tache, ni ride, ni rien de semblable, mais sainte et irrépréhensible.* »

Alors ainsi Biens aimés dans le Christ, nous vous encourageons de continuer la lecture et l'étude des enseignements Bibliques que vous recevez gratuitement. Demeurez dans un esprit de prière continue, pendant que vous étudiez la parole de Dieu afin qu'il vous fasse don du Saint Esprit par le bain de la Nouvelle Naissance. Ne l'oubliez jamais votre seul vrai bien est et demeure le Saint Esprit de Dieu que Jésus a dit bien être votre « *propriété originelle et non d'emprunt en comparaison à tout autre possession de quelque nature.* » Egalement vous devez savoir que « *celui qui n'a pas l'esprit de Christ n'appartient pas à Christ !* » Car le Saint Esprit est le gage, en d'autres termes le sceau de Dieu sur son peuple de croyants chrétiens et l'Auteur de son amour suprême manifesté envers vous et votre famille. Que Dieu vous transmette la vie éternelle en vous baptisant du Saint Esprit que nous recevons de Jésus seul qui a reçu le mandat de Dieu par le Baptême en son nom et de l'eau pour recevoir le Baptême du saint Esprit. Que vous soyez scellé pour le jour de la rédemption au jour du retour de son retour. Ayez soins de vous rappeler de ce que la Bible déclare d'essentiel pour la question de votre Nouvelle Naissance : *Jean 1 : 1- 4,10-18, 32-34*

« *Au commencement était la Parole, et la Parole était avec Dieu, et la Parole était Dieu. Elle était au commencement avec Dieu. Toutes choses ont été faites par elle, et rien de ce qui a été fait n'a été fait sans elle. En elle était la vie, et la vie était la lumière des hommes. (...) Elle était dans le monde, et le monde a été fait par elle, et le monde ne l'a point connue. Elle est venue chez les siens, et les siens ne l'ont point reçue. Mais à tous ceux qui l'ont reçue, à ceux qui croient en son nom, elle a donné le pouvoir de devenir enfants de Dieu, lesquels sont nés, non du sang, ni de la volonté de la chair, ni de la volonté de l'homme, mais de Dieu. Et la parole a été faite chair, et elle a habité parmi nous, pleine de grâce et de vérité ; et nous avons contemplé sa gloire, une gloire comme la gloire du Fils unique venu du Père. Jean lui a rendu témoignage, et s'est écrié : C'est celui dont j'ai dit : Celui qui vient après moi m'a précédé, car il était avant moi. Et nous avons tous reçu de sa plénitude, et grâce pour grâce ; car la loi a été donnée par Moïse, la grâce et la vérité sont venues par Jésus Christ. Personne n'a jamais vu Dieu ; le Fils unique, qui est dans le sein du Père, est celui qui l'a fait connaître. Jean rendit ce témoignage : J'ai vu l'Esprit descendre du ciel comme une colombe et s'arrêter sur lui. Je ne le connaissais pas, mais celui qui m'a envoyé baptiser d'eau, celui-là m'a dit : Celui sur qui tu verras l'Esprit descendre et s'arrêter, c'est celui qui baptise du Saint Esprit. Et j'ai vu, et j'ai rendu témoignage qu'il est le Fils de Dieu.* »

SOMMAIRE :

7. Est-ce cette faculté du don de Dieu qui aboutirait donc à la FOI ?
8. D'où peut encore provenir les difficultés d'une vie chrétienne inaccomplie ? *Luc 12 : 34 - 48*
9. Combien de "Foi" existe-t-il dans les Saintes Ecritures ? *Ephésiens 4 : 4 – 6*
10. Mais qu'est-ce que la foi ? *Hébreux 11 : 1 – 3*

MANIFESTATION DE LA FOI CHRETIENNE

11. Quelle est la plus grande manifestation de la foi dans l'univers? *Hébreux 11 ,12 : 1 – 40 ,12 : 1 – 8*
12. L'accès au don de la foi est une quête humble. Quelle en est l'itinéraire ? *Matthieu 15 : 24- 28*
13. Autre fois Jésus protesta à une demande similaire. Mais pourquoi donc ?
14. Pour quoi l'Officier Romain se juge-t-il indigne de recevoir Jésus ? *Matthieu 15 : 24- 28*
15. En citant son exemple, l'Officier Romain justifie-t-il la soumission de Jésus à son tour à une Autorité supérieure ? Si oui laquelle ? *Matthieu 15 : 24- 28*
16. Selon le passage de *Matthieu 15 : 24- 28* quel seraient les sujets de Jésus comparables à ceux du Centurion ? *Révélation 1 : 1*
17. Qu'attendait l'Officier romain de Jésus pour avoir accès à une demande d'assistance ? *Matthieu 15 : 24- 28*
18. Comment Jésus évalue-t-il la foi de cet Officier romain ? *Matthieu 15 : 24 – 28*
19. A quel autre exemple cet épisode nous renvoi-t-il ? *Matthieu 15 : 24- 28*

DEUX PERSONNES ETRANGERES A LA NATION D'ISRAEL : RESULTAT D'UNE MEME FOI !

20. Comment le soldat Romain et la femme syro phénicienne avaient-ils été encouragés par Jésus, suite à leurs quêtes respectives ?
21. Et pour lever toute équivoque sur sa mission en faveur du reste du monde qu'en dit jésus ?
22. Par contre quel ultimatum Jésus donne-t-il aux Juifs ?
23. Mais cette étonnante foi en faveur du malade était-t-elle l'expression parfaite de la foi menant au salut éternel ?
24. Jésus peut-il s'étonner ? Lui qui connaissait tout de l'Homme.
25. Mais de quel mort s'agissait-il ? Biologique ou spirituelle ? *1 Corinthiens 15 : 48- 57*
26. *Mort, où est ta victoire ? O mort, où est ton aiguillon ?*
27. Est-ce que l'Homme a mangé le fruit ! Oui ou Non ? *Genèse 3 : 9 – 12*
28. Adam après avoir mangé le fruit défendu, pour quoi n'en n'est-il pas mort immédiatement ce même jour ? *Genèse 3 : 17 – 19*
29. Mais quelles sont les conditions de la nouvelle naissance spirituelle ?
30. Quelle est donc la conséquence de la désobéissance de nos premiers parents dans le jardin d'Eden ? *1 Corinthiens 15 : 20 – 28*
31. Adam ne portant plus l'esprit de Dieu en lui, les enfants nés après son péché, de qui auront-ils la ressemblance ? *1 Corinthiens 1 15 : 42 - 47*

32. Mais Adam et sa famille ont-ils connus immédiatement la mort dès la profanation de la loi divine ? *Genèse 2 : 16 - 17*

33. La raison pour laquelle Adam n'est pas mort le jour où il mangea le fruit défendu tel que Dieu le prévint *2 Pierre 3 : 8 - 10*

34. Si un ''Jour égal 1000 ans'' jusqu'à quel âge Adam vécu-t-il donc ?

35. Mais pour quoi Adam ne connut-il pas à l'instant ce même jour la mort ? *2 Pierre 3 : 8 - 10*

36. Alors en quoi sommes-nous concernés ? *Actes 17 : 26 - 28*

37. Comment Jésus qualifia-t-il ceux qui n'ont que la vie biologique adamique ? *Luc 9 : 60*

38. Alors comment est-il possible à un mort spirituel de travailler pour Dieu ?

FAUSSES CONCEPTIONS DE LA NOUVELLE NAISSANCE

39. Le zèle d'évangéliser est-il la preuve suffisante d'avoir acquis la naissance spirituelle ? *Actes 18 : 24- 28* Un Juif nommé Apollos

40. Est-il vérifié que tout baptême donne la vie spirituelle ? *1 Corinthiens 15 : 29*

41. De quel baptême avez-vous donc été baptisés ?

42. Le zèle dans les prières confirme-t-il la naissance spirituelle ? Corneille le centenier Romain *Actes 10 :1 - 48*

La charité envers les autres assure-t-elle la nouvelle naissance ?

Corneille le centenier Romain *Actes 10 : 1 - 48*

43. Une naissance prophétiquement annoncée est-elle le signe d'une naissance spirituelle ? Samuel le Jeune Prophète *1 Samuel 1 : 27 - 28*

44. QUEL EST LE PROCESSUS DU DON DE LA FOI EN JESUS-CHRIST ET DE LA NOUVELLE NAISSANCE ?

45. Comment est transmise la foi ?

Les deux disciples d'Emmaüs *Luc 24.13- 32*

Le jour de la pentecôte *Actes 2 : 14 – 27*

Le miracle du Paralytique *Actes 3 : 12*

Lors de la grande persécution des débuts *Actes 8 : 1- 25*

L'Eunuque Ethiopien *Actes 8 : 26 - 40*

Le témoignage d'Etienne *Actes 7 : 1- 58*

Conclusion intermédiaire :

CE QUI NOUS DONNE LA NOUVELLE NAISSANCE *Jean 1 : 9 - 14*

46. Qui ou quoi recevons nous lorsque le Bible parle « *Mais à tous ceux qui l'ont reçue* » ici ? De Jésus ou de sa parole ? *Jean 1 : 9 - 14*

PANORAMA DES APPARUTIONS DU CHRIST A QUELQUES SAINTS DURANT LES TEMPS APOSTOLIQUES

D'Ananias vers Paul.

Philippe vers l'Eunuque Ethiopien.

Les deux disciples d'Emmaüs auprès des disciples réunis dans la chambre haute.

Pierre vers le Centenier Romain par l'entremise des anges et d'une vision.

Aquilas et Priscille vers l'évangéliste Apollos.

Thomas

Marie de Madeleine

LA FOULE DE TEMOINS DE LA FOI EN DIEU DANS LA BIBLE

L'offrande agrée d'Abel à Dieu au moyen de sa foi.

L'enlèvement physique d'Enoch dans le ciel grâce à sa foi : *Hébreux 11 ,12 : 1 - 40 ,12 : 1 - 8*

L'avertissement de Dieu à Noé avant la destruction des pécheurs d'autrefois. *Hébreux 11 ,12 : 1 – 40 ,12 : 1 – 8*

L'accomplissement de la promesse de Dieu à Jacob de remplir la terre. *Hébreux 11 ,12 : 1 – 40 ,12 : 1 – 8*

L'Offrande du Sacrifice d'Isaac à Dieu par Abraham au travers de sa Foi active. *Hébreux 11 ,12 : 1 – 40 ,12 : 1 – 8*

La bénédiction de Jacob sur ses enfants par la Foi agissante. *Hébreux 11 ,12 : 1 - 40 ,12 : 1 - 8*

Le transfert des Os de Joseph annonçant la sortie d'Egypte par la Foi. *Hébreux 11 ,12 : 1 – 40 ,12 : 1 – 8*

La Naissance dissimulée de Moïse par la Foi. *Hébreux 11 ,12 : 1 – 40 ,12 : 1 – 8*

Le Combat Titanesque de Moïse contre l'Egypte par la Foi courageuse *Hébreux 11 ,12 : 1 – 40 ,12 : 1 – 8*

La Victoire des enfants de Dieu sur les Murs de Jéricho. *Hébreux 11 ,12 : 1 - 40 ,12 : 1 – 8*

La Foule des Témoins Cités de La Foi en Dieu. *Hébreux 11 ,12 : 1 – 40 ,12 : 1 – 8*

Le Cortège des Témoins méconnus de La Foi en Dieu.

Hébreux 11 ,12 : 1 – 40 ,12 : 1 – 8

Interpellation de l'Eglise de la fin des temps au regard des Témoins de la Foi.

Hébreux 11 ,12 : 1 – 40 ,12 : 1 – 8

Le plus grand défi du Chrétien d'aujourd'hui pour garder la foi. *Hébreux 11 ,12 : 1 – 40 ,12 : 1 – 8*

47. Et pour quoi est-il dit qu'il y a qu'une seule foi, laquelle donc ? « *Le centurion romain* »

48. Est-il indiqué de citer n'importe quels versets bibliques contenus dans l'Ancien Testament pour soutenir l'œuvre de salut du Christ ? L'exemple *Aggée 2 : 13*

49. La confession des péchés concerne-t-elle les non croyant aussi ? *Actes 18 : 19* «

50. Le souvenir des péchés passés revient-il toujours quand on est né de nouveau ? *Hébreux 9 : 14*

CONCLUSION FINALE

SOMMAIRE

DANS LA MEME COLLECTION D'ETUDE BIBLIQUE

DANS LA MEME COLLECTION D'ETUDE BIBLIQUE :

1. LA PLUS LONGUE PROPHETIE DE LA BIBLE ; TITRE I, LE BAPTEME DE JESUS-CHRIST, L'ONCTION DU SAINT DES SAINTS.
2. LA PLUS LONGUE PROPHETIE DE LA BIBLE ; TITRE II, LA PURIFICATION DU SANCTUAIRE, SATAN EST CHASSE HORS DU CIEL.
3. LA FIN DU MONDE DANS LA BIBLE ET LE SIGNE DE LA BETE, LE « 666 ».
4. LE GRAND SIGNE DE LA BETE, LE (666) REVELE.
5. COMMENT LES HOMMES ONT-ILS DEJA PRIS LE (666) LE SIGNE DE LA BETE SUR LE FRONT ?
6. COMMENT LES HOMMES ONT-ILS DEJA PRIS LE (666) LE SIGNE DE LA BETE SUR LA MAIN ?
7. LES DIX COMMANDEMENTS DE DIEU ET LE SALUT EN JESUS-CHRIST.
8. LA DIME, LE PECHE DE JUDAS DANS L'EGLISE CONTEMPORAINE APOSTASIEE.
9. QUELS SONT LES AUTRES SIGNES DE LA BETE ?
10. LE FONCTIONNEMENT DE L'EGLISE APOSTAT.
11. LE PARADIS ET L'ESPERANCE CHRETIENNE.
12. L'EGLISE, LES CHRETIENS.
13. QUI EST LE VRAI DIEU ?
14. IL YA UN SEUL DIEU !

15. **IL YA UN SEUL SEIGNEUR !**

16. **IL YA UN SEUL ESPRIT !**

17. **IL YA UNE SEULE FOI !**

18. **IL YA UNE SEULE ESPERANCE !**

19. **IL YA UN SEUL CORPS !**

20. **IL YA UN SEUL BAPTEME !**

21. **LE SCEAU DE DIEU DANS L'APOCALYPSE.**

22. **LE SCEAU DU DIABLE DANS L'APOCALYPSE.**

23. **LE JOUR OU LE VATICAN, LA GRANDE PROSTITUEE, LA MERE DES IMPUDIQUES SERA DETRUITE.**

24. **VOICI LE GRAND SIGNE DE LA FIN DES TEMPS, ET DU RETOUR DE JESUS-CHRIST.**

25. **LE MOUVEMENT ISLAMIQUE DECRIT DANS LE LIVRE DE L'APOCALYPSE.**

26. **LA DERNIERE EGLISE, LES 144 000, LE RETOUR DU SEIGNEUR JESUS-CHRIST, ET L'ETERNITE.**

27. *VINGT ET SEPTIEME ECRITURE : LE TEMOIGNAGE ! VIE ET TEMOIGNAGES CHRETIEN !*

Printed by Books on Demand GmbH, Norderstedt / Germany